Frauen und ihre Gärten

Gartengestalterinnen verraten
ihre Geheimnisse

Inhalt

9
England

11
Rosemary Alexander
ENGLISCHE GARTENGESTALTUNG IN VOLLENDUNG

21
Helen Riches
KREATIVE LÖSUNGEN AUF KLEINSTEM RAUM

31
Jo Thompson
BESONDERE GARTENORTE

43
Wendy von Buren
Claire Moreno
Amy Robertson
GEMEINSAM GESTALTEN

53
Deutschland

55
Christine Schaller
HARMONIELEHRE DER VIER GARTENTYPEN

67
Bärbel Stender
WOHNLICHKEIT DURCH RAUMGLIEDERUNG

77
Pia Konrad
IM EINKLANG MIT DER NATUR

89
Christine Orel
KOMPONIERTE GARTENWELTEN

101
Niederlande

103
Lianne Pot
VON DER PRÄRIE LERNEN

115
Alie Stoffers
GÄRTNERN IN ETAGEN

127
Belgien

129
Dina Deferme
DER ROMANTISCHE GARTEN

141
Frankreich

143
Monique Chevry
DER ERHALTERGARTEN

Vorwort

Als Elke Borkowski vor fast drei Jahren mit einer Idee an die Deutsche Verlags-Anstalt und mich herantrat, war ich sofort Feuer und Flamme. Es ging um ein Buch über professionelle Gartengestalterinnen. Ich wusste, mit welchem Gespür für aussagekräftige Bilder die mehrfach, sogar international prämierte Gartenfotografin die Arbeit dieser Frauen einfangen würde. Einige der Größen aus der Szene kannte ich bereits aus Interviews und hatte in Reportagen über sie berichtet. Hier nun tat sich die Gelegenheit auf, viel detaillierter vom Leben und Wirken der außergewöhnlichen Gartenpersönlichkeiten zu erzählen. Viele von ihnen sind weit über ihre Landesgrenzen hinaus bekannt.

Porträtiert werden 14 Designerinnen aus fünf Ländern und ihr jeweiliger Stil. Entsprechend ist das Buch in fünf Kapitel eingeteilt. Am Anfang jedes Kapitels gibt es einen kurzen Überblick über stilprägende Entwicklungen der jeweiligen Gartenkultur. Interessanterweise sind alle vorgestellten Gestalterinnen vom Stil anderer Länder beeinflusst. Gerade Frauen suchen den Austausch und die Zusammenarbeit. Sollte die Fähigkeit, im Team zu arbeiten, gar eine charakteristische Form weiblicher Gartengestaltung sein?

Zu Beginn unserer Arbeit hatten wir die These aufgestellt: Gartendesign von Frauen ist anders als das von Männern. Doch schnell wurde klar, dass ein Buch, das den Lesern nicht nur Einblicke in die Gestaltung professioneller Designerinnen geben sollte, sondern auch eine Übersicht über aktuelles Design und praktisches Know-how, keine wissenschaftliche Dissertation sein konnte. Vielmehr stand nun die Frage hinter aller Recherche: Wie gestalten diese Frauen Gärten und was kann ich mir davon abschauen? Dabei verrieten die Gestalterinnen einige ihrer Geheimnisse.

Um den jeweiligen persönlichen Stil herauszuarbeiten, erschien es mir interessant, den Lebenslauf der Porträtierten in prägnanten Stationen, Lebensumständen und Begebenheiten zu skizzieren. Schließlich hat die Art des Ausdrucks immer auch mit der Lebensgeschichte zu tun. Auf die Vita folgt die Beschreibung eines Gartens oder mehrerer Gärten, die von der jeweiligen Gestalterin angelegt worden sind. Jeder Garten erzählt eine Geschichte. Welche haben die Schaugärten von Chelsea oder Hampton Court zu erzählen? Was sagen die unterschiedlichsten Kundengärten aus? Wovon sprechen die privaten Paradiese dieser Frauen selbst? Das herauszufinden, gibt Aufschluss über Gestaltungsprinzipien, die sich auf jeden Garten übertragen lassen.

In einer »Sprechstunde« kommen die Designerinnen mit ihren Schwerpunktthemen und oftmals ganz praktischen Tipps zu Wort. In der für ein Buch vielleicht ungewöhnlichen Form des Interviews spiegelt sich meiner Meinung nach die lebendige Persönlichkeit der Frauen am besten wider. Alle 14 sind wahre Powerfrauen. Selbst zweifache Mutter, ist es mir ein Rätsel geblieben, wie die engagierten Gestalterinnen Familie und Beruf unter einen Hut bekommen. Improvisationstalent? Strikte Disziplin? Die weibliche Fähigkeit, mehrgleisig zu agieren?

Die Frage nach dem Unterschied zwischen Gärten, die von Frauen gestaltet werden und jenen, die von den Herren der Schöpfung angelegt sind, ging mir aber doch nicht aus dem Kopf. Allen Gestalterinnen gemeinsam war eine besondere Liebe zu Pflanzen. Und nicht nur das. Sie betrachteten Pflanzen auch besonders aufmerksam und versuchten herauszufinden, welche Stimmungen sich damit kreieren ließen. Heute gehört es zu einem guten Design, neben den Gestaltungsprinzipien der Farbe und der Höhenstaffelung auch die Pflanzenstruktur und die Textur gezielt einzubauen. Der Lebenszyklus einer Pflanze ist zu einer ästhetischen Größe geworden. Die Vergänglichkeit eines großartigen Blütenhöhepunkts wird eingebettet in das bewusste Erleben vom Werden und Vergehen. Zu dieser neuen Sicht der Dinge haben weibliche Gestalterinnen entscheidend beigetragen. Sie sind weniger interessiert an einem momentanen Schaueffekt und suchen das beständig Wiederkehrende. Imponiergehabe liegt ihnen fern. Vielleicht geben sie sich deswegen gern auch mit kleineren Pflanzen ab. Sie lockt nicht nur das Großartig-Pompöse. Mit Hingabe widmen sie sich dem Design kleiner Gartenräume. Das ist mühseliger und komplizierter als die Gestaltung prestigeträchtiger Großprojekte. Alles bleibt das ganze Jahr hindurch im Blickfeld. Jeder Aspekt muss perfekt funktionieren, weil er unter ständiger Beobachtung liegt. Aber Frauen haben es gelernt, vorausschauend zu denken, um ein behagliches Umfeld zu schaffen.

Mir hat das hohe Verantwortungsbewusstsein der Gartengestalterinnen imponiert. Sie denken in Generationen. Ein sorgsamer Umgang mit der Umwelt ist für sie selbstverständlich. Viele bestellen ihre Pflanzen nicht einfach irgendwo. Sie pflegen persönliche Kontakte mit Züchtern. So, wie ihre Gärten keine Räume von der Stange sind, hat ihr »Inventar« ein persönliches Gesicht.

Achtsamkeit ist wohl das richtige Wort, um eine Attitüde zu beschreiben, die den porträtierten Gartengestalterinnen besonders wichtig ist. Alle sehen den positiven Effekt eines Gartens auf das Wohlbefinden seiner Besitzer und Besucher. Die meisten glauben sogar an seine heilenden Kräfte. Einige haben die tröstliche Energie am eigenen Leib erfahren. In ihrer Planung kümmern sich die Designerinnen daher nicht nur um das äußere Erscheinungsbild. Sie gehen einen Schritt weiter und fragen, was der Garten an Emotionen auslöst. Ihre Gärten wollen berühren.

Unser herzlicher Dank gilt den fabelhaften Frauen, die Gartengestaltung zu ihrem Beruf gemacht haben und uns Einblicke in ihr Leben und Wirken gegeben haben. Die große Offenheit, mit der die Gestalterinnen mir über sich und ihre Gärten berichtet haben, hat mich tief beeindruckt. Entstanden ist ein Buch über 14 renommierte Gartengestalterinnen und was ihr Design uns lehrt – kurz gesagt: ein Ratgeber im besten Sinne.

England

AUS DEM MUTTERLAND DER GARTENKULTUR

England ist in allen Belangen der Gartenkultur ein Königreich der Superlative. Revolutionäre Strömungen kamen seit der englischen Landschaftsgartenbewegung im 18. Jahrhundert aus den Ideenschmieden gartenbegeisterter Zirkel. Die schönen Künste, Philosophie, politischer Diskurs und Pflanzenwelt gingen eine Verbindung ein, die bis heute anhält. Zugespitzt formuliert, war der rhythmisch schwingende Landschaftsgarten die politische Antwort einer liberaleren Elite auf den formalen Barockgarten des französischen Absolutismus. Das Arts and Crafts Movement wollte Architektur und Design gegen Ende des 19. Jahrhunderts durch die Anwendung über Generationen hinweg tradierter Handwerksmethoden reformieren. In Materialwahl und dank der Überzeugung, dass die Qualität des Umfelds einen Einfluss auf das Wohlergehen hatte, strahlte die »Kunst-und-Handwerk-Bewegung« auch auf die Gartengestaltung aus. Der Cottage Garden verstand sich als Reaktion auf eine schwindende Romantik zu Beginn des 20. Jahrhunderts. In seiner malerischen Art, Blumen, Rosen und Kletterpflanzen in ungezwungener Opulenz zu vergesellschaften, gleicht er nur entfernt dem Bauerngarten. Die Modellgärten auf den berühmten Flower Shows präsentieren sich als Werbung für eine grünere Zukunft.

Um die englische Art der Gartengestaltung zu verstehen, hilft es, ein Grundvokabular zu kennen. Das *border* entwickelte sich unter der Gartenikone Gertrude Jekyll zur voluminösen Rabatte. War mit dem »Saum« Ende des 19. Jahrhunderts noch das schmale Blumenband als Grenzbepflanzung gemeint, steht es heute für lange Beete mit einer Mindestbreite von 2 Metern. Charakteristisch wurde die von Jekyll entworfene malerische Anordnung der Pflanzen in *drifts*. Hierbei werden vornehmlich Stauden in wellenartigen Reihen in Längsrichtung gestreckt, anstatt sie in Gruppen zu klumpen. Blütenfarben fließen dadurch wie bei einem Aquarell zusammen.

Ebenfalls eine englische Erfindung sind die Flower Shows. Die renommierteste Gartenschau der Welt findet mit Chelsea seit 1913 alljährlich im Mai in London statt. Sie bietet der aktuellsten Gartengestaltung ein Forum, ebenso wie die Hampton Flower Court Show im Sommer. Beide werden von der Royal Horticultural Society (RHS) ausgetragen. Der Königlichen Gartenbaugesellschaft verdankt das Land der *greenfingers* – den Menschen mit einem besonderen gärtnerischen Geschick – nicht zuletzt eine Spitzenposition in Sachen Pflanzenvielfalt. Schon früh schickte die RHS *planthunters*, Pflanzenjäger, auf die Suche nach neuen und ausgefallenen Pflanzen von Gartenwert. Expeditionen in aller Herren Länder finden weiterhin statt. Die wichtigsten Gewächse für die Gartengestaltung kommen indes von namhaften *nurseries*. Zu den Gärtnereien unterhalten alle im Folgenden vorgestellten Gartengestalterinnen persönliche Kontakte. So kommt es, dass in den Gärten und speziell auf den Flower Shows die neuesten Trendpflanzen präsentiert werden. Was als Farbkollektion in Chelsea oder Hampton Court gezeigt wird, setzt sich danach garantiert als Farbtrend durch. Ideen von den RHS-Shows beeinflussen regelmäßig die zukünftige Gartenentwicklung. Hier werden Karrieren geschmiedet. Beth Chatto, Wegbereiterin des Kiesgartens und typisches Beispiel einer Autodidaktin, wie sie in Englands Gartendesignerinnenwelt häufig vorkommen, wurde durch ihren Stand auf der Chelsea Flower Show bekannt.

Die Lehrmeisterin

Rosemary Alexander ist eine der renommiertesten Gartendesignerinnen Englands. Aus ihrer Gartenakademie sind preisgekrönte Gestalterinnen hervorgegangen. Die Botschafterin der Gartenkultur macht ihr Wissen neben Vorträgen in aller Welt in zahlreichen Büchern einem breiten Publikum zugänglich.

Die Gründerin der English Gardening School, Rosemary Alexander, beginnt ihre gärtnerische Laufbahn, als sie Mitte 20 mit der ersten Ehe zu einem fast 10 Hektar großen Garten in Schottland kommt. »Es musste einmal ein schöner Garten gewesen sein«, erinnert sich die gebürtige Schottin, deren Mutter und Großmutter bereits passionierte Gärtnerinnen waren. Fünfzehn Jahre arbeitet sie an dem Garten. Gleichzeitig versucht sie, ein kleines Souvenir- und Kleidergeschäft bei Stirling zu etablieren. Die Geschäftserfolge bleiben hinter den Erwartungen zurück. Und überhaupt interessiert sich Rosemary immer stärker für das Gärtnern. Schließlich folgt sie ihrer Berufung zur Landschaftsgestaltung und schreibt sich für mehrere Kurse ein. Erst in Glasgow, dann in London. Ihr wichtigster Lehrer wird Anthony Du Gard Pasley. »Er revolutionierte meine Sichtweise auf Gartengestaltung und Pflanzungen«, sagt die Designerin, »indem er mich lehrte, den Garten zu vereinfachen«. Sie lernt von ihm, Pflanzen einer Art oder Sorte in Gruppen von drei, fünf oder neun Stück zu setzen: »Das fügt Pflanzen zusammen und ist für das Auge viel angenehmer, weil sich der Blick auf den Farbflächen ausruhen kann.« Rosemary ist fasziniert von den Möglichkeiten der Landschaftsgestaltung: »In gewisser Weise können wir Bilder mit Pflanzen malen«, wie Getrude Jekyll es einmal sagte.

Davon kann die heutige Grand Old Dame der Gartengestaltung erst einmal nur träumen. Eine Beraterfirma für urbane Landschaftsgestaltung stellt sie für ein dreijähriges Projekt zur Erneuerung eines heruntergekommen Parks in Glasgow ein. Dank ihrer Beharrlichkeit versetzt sie die Raumplanungsfirma nach London. »Ich war die erste Frau, die sie dort in einer anderen Position als die einer Sekretärin einsetzten«, erzählt die Frau, die ihren Mann stehen kann. Im Büro muss sie trotzdem bleiben, während die Herren der Schöpfung im Gelände unterwegs sind. Sie entdeckt Fähigkeiten an sich, von denen sie bis dato keine Ahnung hatte, und beginnt nebenher als selbstständige Gartengestalterin zu arbeiten. Nach sechs Jahren in der beruflichen Männerwelt wechselt sie zu einer Londoner Gartenschule, wo sie sechs Jahre lang Gartendesign lehrt.

Vorherige Doppelseite: Der Weg Richtung Hot Border und Rasenteppich verläuft gerade. Da Menschen selten in geraden Linien gehen und zu viel Geradlinigkeit als unangenehm empfunden wird, hilft sich Rosemary Alexander mit einem Trick: Knöterich, Anemonen, Astern und vor allem das spielerische Riesen-Federgras *(Stipa gigantea)* nehmen dem Weg seine starre Haltung.

Sie heiratet ein zweites Mal. Ihr Mann besitzt ein Landgut in Essex mit einem Garten. Wieder ist es ein großes Terrain, das auf seine Erweckung wartet. Die vierfache Mutter beschließt, eine Auszeit von ihrer Lehrtätigkeit zu nehmen, um sich ganz dem Familiengarten zu widmen. Das Schicksal hat eine andere Vorstellung. Während sie in der Warteschlange einer Bank steht, stellt es den Verwalter des historisch bedeutsamsten Garten Londons hinter Rosemary. »Der Mann aus dem Chelsea Physic Garden fragte mich, ob ich jemals daran gedacht hätte, meine eigene Gartenschule aufzumachen, und bot mir das Gelände der berühmten Gärten an. Ich hob sofort alle meine Ersparnisse vom Konto ab«, erzählt sie. Sechs Wochen später eröffnet sie The English Gardening School, die nicht nur die älteste ihrer Art in England ist, sondern auch die führende auf dem Gebiet der gartengestalterischen Ausbildung. Mittlerweile hat die Schule sogar eine Dependance in Moskau. Rosemary Alexanders mehrwöchige Vortragsreihen führen sie nach Übersee bis Amerika, Neuseeland und Australien. Als vorbildliche Lehrmeisterin lernt sie selber immer noch dazu. Bezeichnend ist ein Beispiel aus Europa, wo die Jurorin der Chelsea und Hampton Court Flower Show nicht weniger häufig unterwegs ist: Auf dem Rückweg von einer Blumenschau in Ungarn sieht sie am Straßenrand Wildblumen in schönster Naturhaftigkeit stehen. »Ich versuchte sofort, den Effekt in meinem Garten nachzubilden.«

Zu diesem Zeitpunkt ist es bereits ihr heutiger, kleiner Landhausgarten Sandhill Farm House. Zuvor hat sie mit Stoneacre im Namen des National Trust einen Garten um ein Herrenhaus aus dem 14. Jahrhundert zum Leben erweckt. Der National Trust ist eine gemeinnützige Organisation, die sich als Bewahrer eines englischen Idylls, um den Erhalt von Kulturdenkmälern und Landschaften kümmert. Über die Grenzen Englands hinaus gilt die Institution unter Gartenbegeisterten als Garant für englische Gartenkultur *at its best*. Einen Garten unter dem Eichenlaub-Emblem des National Trust zu führen, ist eine ebenso große Ehre wie Herausforderung im Leben einer Gartendesignerin. »Ich habe das wirklich gern gemacht«, sagt Rosemary Alexander, »aber nach zwölf Jahren hatte ich das Gefühl, alles gelernt zu haben, was ich hier lernen konnte, und beschloss, meine Erfahrungen einem neuen Garten angedeihen zu lassen.«

Rosemarys Geheimnisse

WIE SCHAFFEN SIE ES, DASS EIN GARTEN »REAL BRITISH« AUSSIEHT?

Gärten sind für Pflanzen da. Architektonische Vorgaben wie Wege, Mauern und Gartenhäuschen dürfen nur ein Drittel der Gestaltung ausmachen.

WIE ERREICHEN SIE DAS GEFÜHL VON LANDHAUSROMANTIK?

Garten und Haus müssen eine Verbindung miteinander eingehen. Rankpflanzen sind dabei eine große Hilfe. Clematis und Rosen sind eine schöne Kombination. Ein paar Pflänzchen können die Erlaubnis bekommen, zwischen den Platten des Terrassenbelags zu wachsen, um den harten Effekt des Pflasters abzumildern.

WIE GELINGT DAS PERFEKTE TOPIARY?

Mein Gärtner, der mir beim Buchsbaumschnitt hilft, hat sich in Japan in der Kunst des Formschnitts ausbilden lassen. Er benutzt sehr scharfe, leichte japanische Scheren. Vor jedem Schnitt taucht er die Schere in Wasser, das gibt einen sauberen Schnitt.

WAS IST IHR GEHEIMNIS WEISS STRAHLENDER BIRKENSTÄMME?

Im zeitigen Frühjahr um Ostern wird der Schmutzfilm am Stamm entfernt. Dazu nehme ich einen Topfreiniger und warmes Wasser mit ein paar Spritzern Spülmittel. Im Grunde ist es, wie einem Kind das schmutzige Gesicht zu waschen. Alle fühlen sich danach besser.

Englische Gartengestaltung in Vollendung

Rosemarys Gartengestaltung – britisches Know-how angewendet

Rosemary Alexanders Sandhill Farmhouse ist ein Garten wie aus dem Lehrbuch englischer Gartengestaltung. An den Stellen mit den schönsten Ausblicken hat sich der Garten die hügelige Landschaft der südenglischen Grafschaft Hampshire »geborgt«. Ein Gutshaus aus dem 17. Jahrhundert bildet die stimmungsvolle Kulisse für eine Terrasse und scheint den Grundsatz »gebaute Strukturen sind das Rückgrat eines Gartens« in Stein gemeißelt zu haben. Stufen überwinden nicht einfach nur unterschiedliche Niveausprünge. Sie sind Demonstrationsobjekte handwerklicher Steinmetzarbeit. Weiter geht es mit den Wegen. Sie führen den Besucher federnden Schrittes über den englischen Rasen zwischen zwei Rabatten. Ein Blickfang, wie der von geometrischen Eibenhecken eingefasste Holzstuhl am Ende einer Sichtachse unterstreicht die Länge des Weges. Größere Flächen deckt Kies ab. Wo Bäume stehen, hat Kies den praktischen Nutzen, dass die Wurzeln atmen können und keine Platten heben. Rosemary Alexander, deren Standardwerke zur Gartengestaltung in viele Sprachen übersetzt worden sind, nutzt Kies, um den Raum zwischen verlegten Platten zu füllen, weil die kleinen Steinchen jede Form bis auf den letzten Winkel ausfüllen und leicht zu verwenden sind.

Alle baulichen Elemente zusammen bilden das *hard landscaping*. Als Gerüstbildner bauen sie das Raumgefüge auf. Die gepflanzte Vegetation wird im Englischen als *soft landscaping* bezeichnet. Wie kein anderer Gartenstil ist der englische Landhausgarten geprägt vom Zusammenspiel aus architektonischen Strukturgebern und pflanzlichen Weichzeichnern. Rosemary Alexander beherrscht die Kunst, jene diffizile Balance zwischen beiden zu halten.

In ihren Augen braucht es dazu die Passion des Pflanzennarren. Den eigenen Garten bezeichnet sie als *a plantsman's garden,* das Reich eines Pflanzenjägers und -sammlers, mit dem feinen Akzent, dass sich auch Pflanzenliebhaberei in gestalterische Bahnen lenken lässt. Beispielsweise liebt sie die grafische Wolfsmilch, wie sie im Beet auf der Terrasse im trockensten, sonnigen Traufbereich an der Hauswand steht. Aber sie beschränkt den Gebrauch der wärmeliebenden »Architekturpflanze« auf diesen Bereich. Jede Pflanze braucht ihren eigenen Standort. Oder aus gestalterischer Sicht gedacht: Jeder individuelle Gartenbereich sollte seine adäquaten Pflanzen haben. Der Garten wird in dem Moment als abwechslungsreich empfunden, wo es viele verschiedene Themenbereiche mit darauf abgestimmten Pflanzen gibt. In einem großen Garten ist es kein Problem, für jede Saison einen eigenen Teil zu haben. Eine waldähnliche Partie im Schatten huldigt dem Frühling. Den Rest des Jahres lebt er von Blattstrukturen und Texturen. Im sonnigen Bereich findet die Rabatte ihren Platz. Tritt der Betrachter aus dem Dunkel wieder ins Licht, verstärkt sich der Effekt, in eine völlig neue Welt einzutreten. Rosemary Alexander gibt zu, selber schnell gelangweilt zu sein, und ist daher immer auf Abwechslung bedacht.

Der Küchengarten zählt zu den Überraschungen. Er entstand aus dem Wunsch, sich selbst zu versorgen. In einen Landhausgarten passt er perfekt. Gestalterisch finden sich darin die gleichen Grundsätze wie in jedem anderen Zierbereich des Country Garden. Höhen müssen gestaffelt sein. Im Nutzgarten bieten sich Rankgerüste für Zuckererbsen in der Horizontalen an. Blattwerk wird in die Gestaltung einbezogen, filigranes Karottenlaub ist überraschend dekorativ, Lauchstangen geben Struktur. Ein Sommerhäuschen verbindet Nutzen und Schönheit. Sitzt Rosemary Alexander nicht selber auf der Bank davor, wird gewiss schnell mal ein Erntekorb darauf abgestellt. Aus der Ferne lockt das architektonische Element als Blickfang. Die Idee zu dem Gebäude kam ihr beim Durchblättern einer Gartenzeitschrift. Der Pavillon stand in viel größerem Maßstab in einem schottischen Garten. Rosemary Alexander passte das Bauwerk den Größenverhältnissen des Küchengartens an. Nicht alles steht in Lehrbüchern. Manchmal findet selbst die Lehrmeisterin: »Probieren geht über Studieren.«

Rosemarys Privatgarten Sandhill Farmhouse

Country Garden um historisches Gebäude

LEGENDE
1 Rote Rabatte (*Red Border*)
2 Küchengarten (*Kitchen Garden*)
3 Terrasse am Haus
4 Waldgarten (*Woodland Garden*)

GRÖSSE
4000 m²

BESONDERE KENNZEICHEN
* *Borrowed landscape*, »geborgte Landschaft«, durch Ausblicke in die Umgebung, wo es sich lohnt.
* Selbstversorgergarten, in dem das Schöne mit dem Nützlichen verbunden wird.
* Bauliche Umgebung wird in die Pflanzgestaltung mit einbezogen.

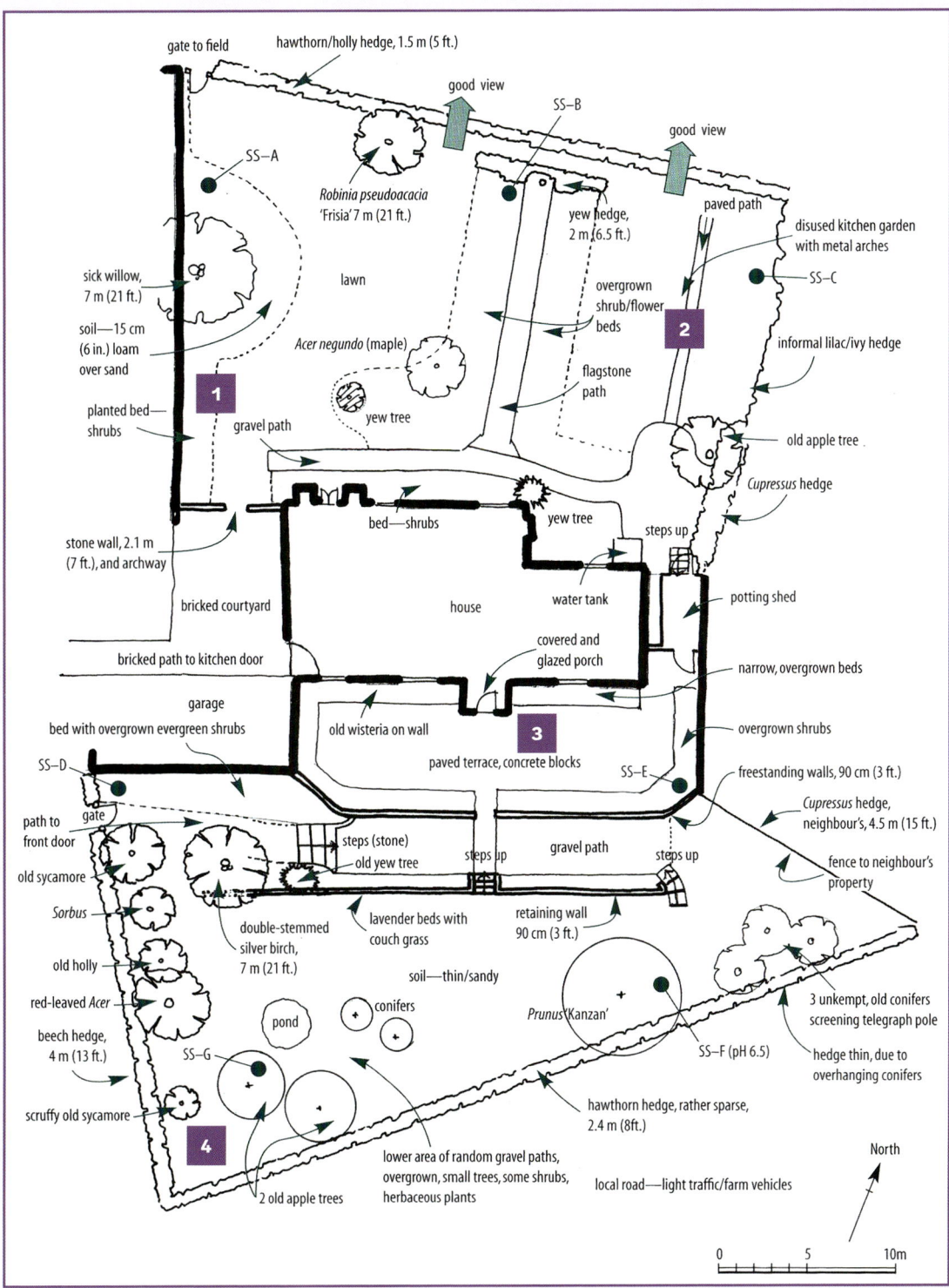

Englische Gartengestaltung in Vollendung

Linke Seite oben links: Das Sommerhaus im Küchengarten demonstriert, dass es hier Gestaltungsgrundsätze, aber keine Standardlösungen gibt. Das architektonische Element wertet den Gartenraum auf. In Dimension und Farbgebung wurde es der Situation angepasst. Die gemauerte Rückwand ist verputzt und mit einem Terrakotta-Farbton gestrichen, der nicht nur zu Tomaten und Kapuzinerkresseblüten passt, sondern auch das warme Abendlicht einfängt. Die Dachziegel sind farblich abgestimmt.

Linke Seite unten links: Eine gotisch anmutende Bank unter dem Apfelbaum erinnert an Paradiesgärtchen, wie man sie sich im Mittelalter vorstellte.

Linke Seite oben rechts: Auf der Terrasse bildet das historische Gebäude des alten Gutshauses der Sandhill Farm eine stimmungsvolle Kulisse für den Country-Garden-Stil. Kletterpflanzen sind das grüne Gesicht der Landhausromantik. Die Glyzinie wird Ende Juli bis auf drei Knospen zurückgeschnitten, ein starker Rückschnitt fördert eine üppige Blüte. Hauswurze, die aus Mauerritzen sprießen, sind ausdrücklich erwünscht.

Linke Seite unten rechts: Bergenienblätter der Sorte 'Eric Smith' überspielen nicht nur kantige Wegränder. Die wintergrünen Stauden beleben das Beet im Frühjahr mit ihrer Blüte, strukturieren im Sommer und färben sich zum Spätherbst blutrot.

Oben: Im englischen Landhausgarten wird die umgebende Landschaft Teil der Szenerie, wo immer es möglich ist. Dabei kann der Garten fließend in die »geborgte Landschaft« *(borrowed landscape)* übergehen oder sich bewusst davon abgrenzen. Im grünen Zimmer, dessen Hauptweg zum Gartenthron führt, definiert eine mauerartig geschnittene Hecke den Gartenraum. Rechts und links platzierte Fuchsienkübel akzentuieren den Blickfang am Ende des Weges. Das unterstreicht seine Länge.

»Arrangiere Pflanzen und Architektur so, dass eins das andere ergänzt.«

ROSEMARY ALEXANDER IM GESPRÄCH

Die englische Rabatte, das Border, ist das Aushängeschild Großbritanniens. Wie gelingt sie?
Versuchen Sie, mit den Pflanzen ein ausgewogenes Bild zu malen – mit ihren Blüten, Blättern, ihrer ganzen Architektur. Verschiedene Höhen sind wichtig. Die Pflanzen müssen gute Darsteller sein, eine lange Blütezeit haben und ineinander greifen.

Gertrude Jekyll hat den Begriff der Drifts geprägt, jene lang gezogenen Bepflanzungen, die wie hintereinander folgende Wellen am Meer ineinander fließen. Lassen sich so Pflanzen malerisch im Beet gruppieren?
In einer Rabatte wollen Sie keine Pflanzen in Reih und Glied. Die Idee ist vielmehr, dass eine Gruppe in die andere übergeht. Gerade im Beet ist es wichtig, die gleichen Pflanzen in größerer Stückzahl zu verwenden. Sie können sogar in einem bestimmten Rhythmus immer wieder an anderer Stelle auftauchen.

Typisch englische Rabatten sind bevorzugt in Pastelltönen von Blau über Rosa bis Silber gehalten. Sie haben ein doppelseitiges Staudenbeet in Rottönen. Warum?
Der Höhepunkt der klassischen Staudenbeete liegt im Frühsommer. Das Hot Border ist vom Spätsommer bis zum Herbst beeindruckend. In dieser Zeit bin ich zu Hause. Vorher gehe ich oft auf Reisen, um Meisterkurse in aller Welt zu geben. Wenn Sie eine Rabatte planen und die Pflanzen aussuchen, sollten Sie sich Gedanken machen, von welchem saisonalen Aspekt Sie am meisten haben.

Rot ist eine Farbe von Signalwirkung. Eignet sich eine rote Rabatte auch für kleine Gärten?
Warum nicht, solange das Haus farblich dazu passt und es einen geeigneten Platz gibt. Ein Grund, die rote Rabatte in Sandhill Farm House anzulegen, war die vorhandene rote Mauer und der Bogen aus Ziegelstein am Eingang zu diesem Gartenteil.

Wie muss der Platz abgesehen vom farblichen Umfeld beschaffen sein?
Er braucht Nachmittags- und frühe Abendsonne. Rote Farbtöne wirken am besten, wenn das Licht schräg einfällt. Deswegen ist eine rote Rabatte wie gemacht für das sanfte Herbstlicht, wenn die Sonne bereits tiefer steht. Mitte September ist mein Hot Border gegen 17 Uhr am schönsten. Es ist wichtig, zu welcher Tageszeit Sie Ihre Rabatte am häufigsten ansehen. Kommen Gartenbesitzer erst nach Feierabend in den Garten, ist es besser, helle Farben und Blautöne zu wählen. Sie leuchten noch in der Dämmerung. Rot wird ohne Licht stumpf.

Sie lieben Farne und ihre vielen Grüntöne. Das ist nicht unbedingt Mainstream. Könnte sich das ändern?
Farne sind etwas Wunderbares für schattige Partien. Anders als bei den beliebten Funkien gibt es kein Problem mit Schnecken. Ich sehe eine große Zukunft für die unkomplizierten Blattschmuckstauden, die im Viktorianischen England schon mal groß in Mode waren. Durch Neuzüchtungen und Auslesen ist die Auswahl so aufregend wie zu Zeiten des »Fern Craze«, als »Pflanzenjäger« neue Arten aus fernen Ländern einführten.

Das war die Zeit der Stumpery – Gehölzgärten, in denen Baumstümpfe (stumps), Wurzeln und Knüppelholz die stimmungsvolle Kulisse für Farne bildeten. Mit Ihrer Stumpery in Sandhill Farm House befinden Sie sich in bester Gesellschaft. Seine Königliche Hoheit Prinz Charles hat vor einigen Jahren die ursprüngliche Stumpery in Highgrove wieder anlegen lassen. Was spricht für die Wiederbelebung?
In der Stumpery herrscht eine eigene Atmosphäre. Sie hat ihren eigenen, urigen Charakter. Zwischen den Wurzeln kann ich meine vielen Farne optimal kultivieren. Sie fühlen sich dort sichtlich zu Hause. Die Wurzeln habe ich mit einem Freund im Wald gesucht. Eichenwurzeln eignen sich am besten. Dieser Bereich ist auch ideal für frühe Zwiebelblumen zum Verwildern. Schneeglöckchen, Puschkinien, Schneeglanz und Blausternchen können sich hier ausbreiten, bevor das Farnlaub sich entrollt. Lange bevor der Blumengarten in die neue Frühlings- und Sommersaison startet, erleben Sie in der Stumpery die Kräfte der Natur.

Im Hot Border gibt die rote Dahlie 'Bishop of Llandaff' den Ton an.

Englische Gartengestaltung in Vollendung

Helen Riches

KREATIVE LÖSUNGEN AUF KLEINSTEM RAUM

Die Greenfingers-Malerin

Helen Riches ist am liebsten mit dem Skizzenblock unterwegs. Von der Grafikdesignerin entwickelt sie sich zur Gartengestalterin, illustriert und schreibt für Zeitschriften und schult ihr Auge am Formen- und Farbenreichtum der Gartenwelt.

Draußen zu sein, ist für Helen Riches von Kindheit an das Höchste. Sie wächst mit ihrer Familie im nordirischen Belfast auf. An den Wochenenden geht es aufs Land. Die Gartenbegeisterung müsse sie wohl irgendwann vom Großvater geerbt haben, meint die 1961 Geborene: »Er war ein leidenschaftlicher Gärtner. Wegen seines Gartens wollte er nicht einmal in Urlaub fahren. Erstens hätte er ihn niemals allein gelassen, und zweitens hätte wohl kein Urlaubsort der Welt ihm das Lebensgefühl seines Gartens bieten können.«

Ernsthaft nachvollziehen kann die Enkelin das erst, als sie mit ihrem Mann nach London zieht und zum ersten Mal einen kleinen Hinterhofgarten ihr Eigen nennt. »Ich begriff, wie einfach es war, ein kleines Stück Land in etwas zu verwandeln, das dir Spaß macht.«

Das eigene Umfeld mit Blumen zu verschönern ist ihr schon einmal begegnet. Während ihres Studiums des Grafikdesigns nimmt sie an einem Austauschprogramm mit den Niederlanden teil: »Ich wohnte bei einer Studentin, die sich zweimal in der Woche auf dem Markt frische Blumen kaufte und die Studentenbude damit verschönerte. Das wäre uns britischen Studenten niemals eingefallen – für den Luxus eines schönen Zuhauses Geld auszugeben. Aber hier taten es die Leute. Sie liebten es, ihr Heim mit Blumen freundlich und einladend zu dekorieren. Und ich liebte, dass sie es liebten.« Helen zückt ihren Zeichenblock und hält die Szene fest. Der Professor im Austauschprogramm sagt zu ihr: »Sie brauchen nicht weiter Grafikdesign studieren. Bleiben Sie dabei, Dinge zu skizzieren.« Helen schließt ihr Studium dennoch an der School of Art in Norwich ab und lernt dabei ihren Mann kennen.

Als die Kinder in die Schule kommen beginnt sie, für Gartenzeitschriften zu illustrieren. »Sie fragten mich, ob ich die Pläne und Pflanzlisten der Gartenarchitekten in Zeichnungen umwandeln könnte«, erzählt die Zeichenkünstlerin. Das Visualisieren fällt ihr leicht. Sie besitzt die Fähigkeit, räumlich zu denken und Eindimensionales auf dem Papier in 3D-Formate umzusetzen. »Das schien mir eine gute

Vorherige Doppelseite: Der lange, schmale Stadthausgarten ist in kleinere Einheiten unterteilt. Unterschiede im Bodenbelag definieren verschiedene Bereiche. Ein geplatteter Längsriegel unterbricht die Hauptlaufrichtung und schiebt einen Sitzplatz ein. Eine minimale Stufung hebt den nächsten Raum optisch ab. Der grüne Rasenteppich verleiht ihm fast eine Art Wohnzimmeratmosphäre.

Voraussetzung, um als Gartendesignerin zu arbeiten«, sagt sie. Später wird sich herausstellen, dass es die Zeichnungen den Besitzern tatsächlich erleichtern, sich Veränderungen in ihrem Garten besser vorzustellen. Die zweifache Mutter schreibt sich für verschiedene Lehrgänge im Bereich der Gartengestaltung in Milton und später am renommierten Writtle College ein. Zu Beginn bietet die freie Gartendesignerin ihr Know-how zusammen mit einer Freundin an, die ursprünglich Lehrerin ist. »Schnell kam uns die Idee, dass es Spaß bringen müsse, das erlangte Wissen auch als Kurs für Leute anzubieten, die ihren eigenen Garten verschönern wollen, ohne selbst Gartendesigner zu werden.«

Zu den Gartenplanungen, Kursen und Illustrationen kommen Artikel in Gartenzeitschriften. Sie wird der Kreativkopf, wenn es um Pflanzideen für kleine Gärten geht. Was sie sich ausdenkt, probiert Helen von der Aussaat und Anzucht über die handwerkliche Ausgestaltung der Töpfe, Kübel und Beete bis zum gewünschten Ergebnis in ihrem eigenen Garten aus und dokumentiert es in Wort und Bild für die Leser. Mit den Blumenkörben wird sie »Praktische Gartenjournalistin des Jahres«. Die kleinen Zwiebelblumen in Töpfen für einen ersten »Spritzer Frühling« auf dem Tablett serviert, das Patio-Gemüse-Beet oder weihnachtliche Dekorationen rund ums Haus, all das entspricht dem Wunsch vieler Gartenbesitzer, das grüne Zu Hause mit Dingen auszustatten, die ihr Pendant in Einrichtungsgegenständen des Hauses haben. »Wenn Sie so wollen, war ich schon immer, wie wir Briten sagen, ein ›Jack aller Eigenschaften und Meister in nichts‹«, meint die Vielseitige lachend, in typisch englischem Understatement. Zeichnen und Malen bleiben für die Allrounderin trotzdem die größte Passion. Hatte sich das nicht schon als Kind abgezeichnet? Wird Helen gefragt, was sie denn mal werden wolle, verkündete sie stolz: »Malerin.« Geben die Erwachsenen zu bedenken, dass sie als Künstlerin aber arm sein würde und in einer Dachkammer hausen müsse, erwiderte sie unbeirrt: »Das macht mir nichts aus!« Seit einigen Jahren nimmt das Malen immer mehr Raum in ihrem Leben ein. Doch anstelle eines armseligen Künstlerverschlags hat sie sich ein Atelier im Wintergarten eingerichtet. Und wann immer es geht, findet das Leben draußen im Garten statt.

Helens Geheimnisse

WIE BEKOMME ICH EINEN ENGLISCHEN RASEN?

Sie brauchen nicht pingelig sein, aber auf die Kanten müssen Sie achten. Es hilft eine Menge, wenn die Übergänge von Weg und Rasen auf einer Ebene liegen. Dann können Sie mit dem Rasenmäher auch die Ränder mähen. Und es sieht gleich ordentlicher aus.

WAS MACHE ICH GEGEN MOOS IN SCHATTIGEN STADTGÄRTEN?

Ein attraktiver Gebrauch für Moos, das in schattigen Gärten wächst, besteht darin, es als Mulch für Töpfe zu nehmen. Es passt zu Frühlingszwiebelblumen im Topf genauso gut wie zur Weihnachtsdeko.

WAS GEHÖRT ZU DEN MUST-HAVES?

Eine interessante Zusammenstellung von Platten und Backsteinen im Pflaster verlangsamt den Blick auf seiner Reise durch den Garten. Indem Sie auf raffinierte Verlegemuster achten, schauen Sie nicht sofort bis ans Ende des Gartens.

WAS SOLL ICH AUF KEINEN FALL TUN?

Manchmal beobachte ich, dass Gartenbesitzer überstürzte Entscheidungen treffen, wenn sie den Plattenbelag für ihre Wege kaufen. Sie nehmen, was ihnen gefällt oder ein Schnäppchen ist, ohne an ihr Umfeld zu denken. Aber Material und Farben sollten zum Haus passen.

Kreative Lösungen auf kleinstem Raum 23

Helens Ansatz –
das Optimale herausholen

Ein typisches Bild englischer Gartenkultur ist der Cottage Garden auf dem Land mit Doppelborder hinterm Herrenhaus. Die andere Seite der Medaille sind Stadtgärten. Sie stellen Gartengestalter vor andere Herausforderungen als ein großes Terrain in der Landschaft. Häufig handelt es sich um Reihenhausgärten mit langen, schmalen Grundstücken. Helen Riches eigener Garten ist solch ein »Schlauch«. Um ihn zu gliedern, braucht es andere Mittel, als sie die Gartengestalterin in ländlichen Refugien einsetzt. Das beginnt bei der Weitläufigkeit, die einem Stadtgarten fehlt. Um dennoch ein Gefühl von Weite zu erzielen, muss der Tunneleffekt durchbrochen werden. Helen Riches nennt es die alte Geschichte von der Fläche, die in Räume unterteilt werden will. Erschließen sich einzelne Gartenteile erst nach und nach, erscheint ein längliches Grundstück breiter. Bleibt ein »Handtuchgarten« ungegliedert, ist er auf einen Blick überschaubar. Das wirkt langweilig, mitunter sogar schaurig, wie die Künstlerin nach dem Einzug feststellen musste. Die Stadtbewohnerin erinnert sich noch genau an die erste Begegnung mit dem Garten: Er war komplett zugewachsen. Keiner konnte sehen, wo er endet. In seiner wilden Romantik hätte er auch auf dem Land sein können. Doch mit dem Herbstfall der Blätter zeigt die Umgebung ihr wahres Gesicht. Unattraktiv ist der höfliche Ausdruck der Britin. Wo das Umfeld nicht dauerhaft einbezogen werden kann, helfen Sichtschutzwände. Helen Riches achtet darauf, dass die hohen Abgrenzungen nicht einengend wirken. Dabei helfen erhöhte Beete. Sie staffeln Höhen, Übergänge wirken dadurch weniger abrupt. Vergleichbar mit Treppenstufen, die Niveauunterschiede Stück für Stück überwinden, kann das Auge einem solchen Aufbau leichter folgen und empfindet den ganzen Raum weniger beengend.

Lange, schmale Gärten müssen optisch aufgeweitet werden. Jede Art von Raumteiler hilft dabei. Das bietet dem Auge Etappenziele. Im vorderen Teil ist es ein Wintergarten, den die malerisch begabte Gestalterin als Atelier nutzt. Der Glasanbau ist die elegante, britische Art, alle Greenfingers unabhängig von Wetter und Jahreszeit mit ihrem Garten zu verbinden. In der Mitte bremsen Hochbeet und Pflanzcontainer den visuellen Durchmarsch aus. Dahinter schiebt sich ein Gartenschuppen ins Bild. Anstelle von Stoppschildern bleibt der Blick vor alten Werbetafeln aus Email hängen. Als studierte Grafikerin hat Helen Riches ein Faible für die Sammlerstücke mit Schriftzügen, die in starkem Kontrast zur Sprache der umgebenden Pflanzen stehen. Das sorgt für Überraschung, der gewünschte Effekt stellt sich ein. Indem das Auge immer Neues entdecken kann, wird der eigentlich begrenzte Raum erweitert.

Helen Riches' Stil spielt bewusst mit visueller Aufnahmefähigkeit. Um dem Betrachter eine Ausdehnung zu bieten, die ein beengter Gartenraum eigentlich nicht hat, versucht sie, den Moment des Erfassens zu strecken. Gegliederte Flächen, die auch mal um die Ecke springen, brauchen Zeit, um entdeckt zu werden. Das ist die eine Säule. Dem Auge innerhalb dieser Räume unterschiedlichste Situationen anzubieten, ist die andere. So bringt die kleine Rasenfläche im Mittelteil des Gartens eine wohltuende Abwechslung zu den Blumenbeeten drumherum. Den Anblick des grünen Teppichs nennt Helen Riches erholsam. Im Blumenbeet springen die Augen vom gelb leuchtenden Goldhopfen zu den komplementären Zierlauchbällen. Auf der ruhigen Grasfläche kommen sie wieder zur Ruhe. Das nimmt Tempo raus. Zu viel Unruhe sollte gerade in kleinen Gärten vermieden werden. Daher achtet Helen Riches beim Wegebelag darauf, nicht zu viele unterschiedliche Materialien und Muster zu verwenden. Machart und Farben sind auf das Haus abgestimmt, der Ton der Klinker auf den Hauptwegen findet sich im Mauerwerk des Wohnhauses wieder. Auch was den Anstrich betrifft, stimmt Helen Riches Farben aufeinander ab. Als Malerin weiß sie um den vereinenden Effekt von Farbanstrichen und rät, Haus und Garten über die Wiederholung von Farben eines Grundtons zu verbinden. Am Ende steht das Bild von einem Stadtgarten, der mit dem gleichen Anspruch wie ein Landgarten von sich behaupten kann: *My home is my castle.*

Helens Privatgarten

Stadtgarten in Schlauchformat

LEGENDE
1 Ateliergarten
2 Schuppen
3 Schattengarten
4 Eisentordurchgang

GRÖSSE
560 m²

BESONDERE KENNZEICHEN
* Erhöhte Beete gliedern den ersten Gartenraum optisch.
* Gepflasterte Wege und Rasenflächen wechseln sich ab.
* Sichtschutzwände und Gehölze schirmen zu den Seiten ab.

Linke Seite oben links: Email-Werbeschilder sind die Sammelleidenschaft der Gartenbesitzer. Von Efeu berankt, fügen sie sich harmonisch in die Gartenumgebung ein.

Linke Seite unten links: Im halbschattigen Bereich sorgt Weiß für Lichtblicke. Die Sichtschutzwand ist hell gestrichen. Zwei Weißrindige Himalaya-Birken 'Doorenbos' (Betula utilis) haben ihren ganz großen Auftritt in der Winterzeit. Im Frühjahr steigern schwarzrote Tulpen die Leuchtwirkung des weißbunten Kaukasusvergissmeinichts 'Hadspen Cream' (Brunnera macrophylla) im erhöhten Pflanzbeet. Panaschierte Pflanzen ziehen den Blick auf sich, wie auch die silberlaubige Taubnessel 'Pink Pewter' (Lamium maculatum) am Fuße der Birken zeigt.

Linke Seite oben rechts: Kräuter wie Schnittlauch (Allium schoenoprasum) wachsen auf kleinstem Raum. Schon eine einfache Holzkiste, die auf einem Gartenstuhl abgestellt wurde, reicht dem Kräutermix. Dazu wird sie mit Pflanzgewebe ausgeschlagen und mit Erde befüllt.

Linke Seite unten rechts: Eisentore lassen sich als schmückendes Gliederungselemente einsetzen. Hier öffnet ein Tor, an einem ebenso dekorativen Torpfosten, den Durchgang vom mittleren Gartenraum in das Refugium am Ende des schmalen Grundstücks.

Oben: Vom eher formal gehaltenen Ateliergarten führt der Weg weiter in den Mittelteil mit mäandernden Beeten. Hochbeete gliedern den Raum. Durch die Höhenstufung springen die verschiedenen Bereiche optisch vor und zurück. Das verhindert, dass der längliche Garten auf einen Blick überschaubar ist und lässt ihn dadurch breiter erscheinen. Im beigestellten, blauen Pflanzkübel ist Gold-Oregano 'Aureum' (Origanum vulgare) ein harmonischer Farbträger von großer Leuchtkraft. Im Pflanztrog mit verschiedenen Laucharten wird er zum attraktiven Kräutergärtchen.

Kreative Lösungen auf kleinstem Raum 27

»Die Augen müssen was zu entdecken haben.«

HELEN RICHES IM GESPRÄCH

Was können wir von der Grafikerin Helen Riches für die Gartengestaltung lernen?
Ich schaue auf die Dinge in Bezug auf ihre Form. Farbe ist das, was einem ohnehin gefällt. Aber wenn ein Gartenbild auch ohne Farbe funktioniert, ist es gelungen. Um meinen Kursteilnehmern das zu verdeutlichen, habe ich einmal ein weißes Bettlaken über eine Pflanzung mit Buchskugeln und Sträucher in unterschiedlichsten Silhouetten ausgebreitet. Dadurch sind die Formen unabhängig von der Farbe zutage getreten. Wie in einer gut strukturierten Landschaft haben Sie mit den Formen das ganze Bild im Blick.

Trotzdem spielt Farbe eine wichtige Rolle in Ihren Gärten. Warum verwenden Sie sogenannte Aurea-Formen, also Pflanzen mit lindgrünen und goldgelben Blättern?
Sie hellen auf. In einem schattigen Garten wie dem meinen und bei unserem britischen Wetter sind sie ideal. An einem grau verhangenen Tag oder bei Regen sehe ich den leuchtenden Goldhopfen (*Humulus lupulus* 'Aureus', rechts im Bild) bis ins Haus, wenn ich aus dem Fenster schaue.

Panaschierte Pflanzen haben denselben Effekt?
Pflanzen mit weißbunten Blatträndern, Einsprenkseln oder irgendeinem anderen Muster anstelle des üblichen Blattgrüns stechen hervor. Manche Leute finden, ihr Blattwerk sehe krank aus, so als habe es eine Mangelerscheinung. Tatsächlich fehlt ihnen ja Chlorophyll. Aber gerade deshalb verwende ich weißbuntes Kaukasusvergissmeinnicht 'Hadspen Cream' oder silberlaubige Taubnessel besonders gern. Sie sind wie ein originell entworfenes grafisches Werbeschild. So was fällt auf, weil es sich von dem Bekannten abhebt. Da schaut man genauer hin. Nur zu viele auf einen Haufen sollten es nicht sein. Das wirkt unruhig.

Funktioniert der Effekt solcher Eyecatcher auch auf Balkon und Terrasse?
Für die Gartenzeitschrift *BBC Gardener's World* habe ich unter dem Motto »Limes and Greens« einmal eine Kombination von Kletterpflanzen im Pflanzkübel entworfen. Die zierenden Blütenblätter von *Clematis florida* 'Alba Plena' in ihrem ungewöhnlichen Weiß-Grün versprühen diesen unvergleichlich frischen Eindruck. Ebenso überraschend sind die kleinen limonengrünen Glockenblüten des niedrigen Ziertabaks 'Perfume Antique Lime'. Er beschattet gleichzeitig die Wurzeln der Clematis. Dazwischen rankt das Glockenblumengewächs *Isotoma* 'Blue Star'. Damit es funktioniert, verwende ich tiefe Plastikgefäße mit eingebautem Wasserspeicher.

Sie befassen sich häufig mit begrenzten Gartenflächen in Stadtgärten und setzen Hochbeete ein. Was sind die Vorteile?
Es rückt die Pflanzen ins Sichtfeld. Sie sind näher mit den Augen dran. Erhöhte Beete helfen, die Grenzen fließender zu gestalten. Durch die Abstufung werden sie verwischt. Unabhängig von den Bodenverhältnissen vor Ort, können Sie die Erde einfüllen, die die jeweilige Kultur braucht.

Meinen Sie das mit Ihrem Motto *Keep gardening simple* – Halte das Gärtnern einfach?
Es ist ein Beispiel. Gärtnern ist schon schwierig genug. *Keep gardening simple* meint: Machen Sie es sich nicht zusätzlich schwer, indem Sie Dinge wollen, die in Ihrer Gartensituation nicht funktionieren werden. Das fängt bei den Ansprüchen der Pflanzen an. Suchen Sie sich Pflanzen, die auf die Bedingungen in Ihrem Garten abgestimmt sind. Meinen Kursteilnehmern predige ich: Geht nie ohne Zettel in eine Gärtnerei, auf dem die passenden Pflanzen stehen (lacht). Aber als ich mit meinen Studenten bei Beth Chatto war, zu deren berühmten Gärten auch ein kleiner Pflanzenverkauf gehört, musste ich mich selber mit ein paar Pflanzen wegschleichen, die ich impulsiv gekauft hatte, um sie klammheimlich im Auto zu verstauen, damit meine Studenten mich nicht damit sahen. Es ist eben viel leichter, anderen zu sagen, wie sie es machen sollen, und so viel härter, die Regeln selbst einzuhalten.

Goldhopfen 'Aureus' *(Humulus lupulus)* leuchtet weithin sichtbar. Dazu kontrastieren die lila Kugelblüten des Zierlauchs.

Die Garten-Dramaturgin

Jo Thompson ist eine von Großbritanniens führenden Gartendesignerinnen. Die stets auf der Chelsea Flower Show prämierte Senkrechtstarterin besitzt das Talent, Gärten und Landschaften von großer Anziehungskraft zu gestalten. Ihr Repertoire reicht vom Dachgarten bis zum grünen Familiendomizil, beinhaltet öffentliche Anlagen und Schaugärten von Weltklasse.

Ein »Nichts in etwas« zu verwandeln fordert Jo Thompson heraus. Jedem Platz im Freien sieht sie seine Möglichkeiten an und fördert dessen Potenzial gestalterisch zutage. Der erste Ort, den die Senkrechtstarterin im grünen Designermetier in einen Gartenraum umformt, ist die Dachfläche ihrer Studentenbude in London. »Ich sah sofort, was aus der kahlen, leeren Fläche herauszuholen war«, erinnert sich Jo. »Es brauchte ja nur einen Tisch mit ein paar Stühlen und Pflanzen auf allen Seiten, um sich wohl zu fühlen.« Anregungen für die unkomplizierte Art, sich das Leben angenehmer zu machen, kann sie seit Kindertagen sammeln.

Ihr Vater ist Italiener. Unzählige Ferien verbringt sie in einem Land, wo »sie aus dem kleinsten Gartenraum eine königliche Freifläche schaffen«. Rom und die wohlstrukturierte Landschaft der Toskana sollen ihre Vorstellung ebenso prägen, wie sie ihre Fantasie beflügeln. »Besonders beeindruckt hat mich die Ingenieurskunst der Wasserspiele in den berühmten Renaissancegärten«, verrät die innovative Designerin. Blumenschmuck spielt in den großartigen Anlagen praktisch keine Rolle. Sie überzeugen die Britin durch ihre Struktur und Architektur. Angetan haben es ihr auch die kleinen Innenhöfe, »wie es sie in Verona überall gibt«. Mit 18 lebt sie ein Jahr in Italiens Hauptstadt. Sie studiert Italienisch und Französisch und wird Lehrerin in einer Londoner Grundschule. In der Babypause entdeckt Jo ihre wahre Passion. In einem einjährigen Kurs an Rosemary Alexanders English Gardening School erwirbt die zweifache Mutter ihr Gartendesigner-Diplom. Ein Jahr später stellt die Powerfrau bereits auf der weltberühmten Chelsea Flower Show aus.

Die Wahrscheinlichkeit, einen der großen Schaugärten auf Englands Fashion Week der Gartenszene zu realisieren, ist für Newcomer äußerst gering. Meist werden sie von berühmten Gartendesignern kreiert. Selten sind Frauen darunter. »Es ist schwierig, die Zwölf-Stunden-Tage zu organisieren, wenn du eine junge Familie hast«, sagt Jo. Innerhalb von nur drei Wochen stampfen die Teilnehmer perfekt geplante Komplettgärten aus dem Boden. Der praktischen Umsetzung geht eine nicht weniger anstrengende Phase des Entwerfens, Materialsuchens und Konstruierens voraus. Doch der mühsams-

Vorherige Doppelseite: Ein Wasserspiel steht im Mittelpunkt des ersten Gartenraums des Schaugartens »The unexpected Gardener« auf der Chelsea Flower Show. Ein Regal zum Lagern von Brennholz grenzt den Sitzplatz ein. Erhöhte Beete ziehen eine Trennlinie zwischen Innenhofsituation und gemütlicher Gartenecke und erinnern an eine Blumenwiese.

te Part bleibt häufig die Sponsorensuche. »Es war verrückt«, meint Jo, »aber ich wollte unbedingt einen Schaugarten in Chelsea zeigen und ging Klinkenputzen.« Eine Tür nach der anderen wird ihr vor der Nase zugeschlagen. Erst im Kinderhospiz Demelza bleibt sie offen. Die Organisation spielt mit dem Gedanken, sich mit einem Garten in Chelsea zu präsentieren. Jo hat aber nicht nur Glück, zur richtigen Zeit am richtigen Ort zu sein. Sie besitzt auch das richtige Gespür für einen Ort, an dem todkranke Kinder und ihre Angehörigen zusammenkommen können. Mit ihrem Demelza-Garten im urbanen Cottage-Stil schafft sie einen Trost spendenden Gartenraum. Er wird mit der Silbermedaille ausgezeichnet. Nach der Show findet das grüne Refugium seinen festen Platz im Kinderhospiz in Kent. »Es ist schön zu sehen, wenn die Gärten wirklich genutzt werden und funktionieren«, sagt Jo. Gleich im nächsten Jahr gewinnt sie mit »The unexpected Gardener«, Der unerwartete Gärtner, Gold.

In den kommenden Jahren wird sie einen Preis nach dem anderen abräumen. Jetzt treten die Leute an sie heran. »Juroren des Gardening World Cup hatten meinen Schaugarten gesehen und luden mich auf ihre Veranstaltung in Nagasaki ein«, erzählt die Repräsentantin englischer Gartengestaltung. »Erst wollte ich etwas mit Chinaschilf machen«, verrät die experimentierfreudige Britin und muss lächeln. »Aber die Japaner meinten, *Miscanthus* sei bei ihnen ein Unkraut.« Gemäß ihrem Leitsatz »ein Garten muss zu seiner Umgebung passen und pflanzlich darauf abgestimmt sein«, entwirft sie einen einladenden Rückzugsort im urbanen Wiesenstil. Die zierende Natürlichkeit in der Pflanzung soll charakteristisch werden für eine Frau, die mittlerweile als eine von Großbritanniens führenden Pflanzenfrauen gilt. Wie in den Gärten der englischen Landschaftsgartenbewegung, deren oft philosophisches Bildungsprogramm regelrecht »gelesen« werden musste, trifft Jo eine Aussage. Nicht immer müssen es die verantwortungsvollen Botschaften vieler ihrer Schaugärten sein. Mal wünschen die Kunden ein entspannendes Refugium, mal soll es verspielt zugehen. Jo hat viele Jahre Theater gelehrt: »Gartendesign ist dem Inszenieren eines inspirierenden Theaterstücks vergleichbar«, meint die Vielseitige. Von heiter bis nachdenklich bieten ihre Gärten für jede Gefühlslage das richtige Umfeld.

Jo's Geheimnisse

WOMIT ÜBERZEUGEN IHRE GÄRTEN?

Ich versuche, sie so einfach wie möglich zu halten. Im Demelza-Garten beispielsweise ist der Sitzplatz das bestimmende Merkmal und gibt gleichzeitig die Struktur vor. Was ich im Garten einsetze, muss mehr als eine Funktion haben. Hochbeete erleichtern den Zugang, frieden ein und variieren gleichzeitig die Höhe, was sich gestalterisch gut macht. Ein kleiner Wasserlauf kann zusätzlich als Weinkühler genutzt werden.

WAS IST DAS BESONDERE AN IHREM PFLANZSTIL?

Ich verwende viele hohe Pflanzen von natürlichem Charakter und verwebe sie wie in einer Wiese. Viele meiner Pflanzungen sind *ornamental meadows*, Wiesen mit Zierwert. Sie sehen nicht sofort durch sie hindurch, aber die oft filigranen Blütenstauden und Gräser schirmen auch nicht so dicht ab wie eine Wand oder immergrüne Gehölze. Das kommt dem Wunsch nach geheimnisvoller Spannung und mehr Natürlichkeit in unserem Umfeld entgegen.

WIE FINDEN SIE DIE OPTIMALE EINRICHTUNG FÜR IHRE KUNDENGÄRTEN?

Für jeden Garten erstelle ich ein individuelles Moodboard an Materialien. Das ist eine Art Pinnwand, an der alles Mögliche an Bildern, dokumentierten Ideen, aber auch Stoffproben zusammentragen wird, aus denen die Kunden auswählen, was ihnen gefällt.

Besondere Gartenorte 33

Jos Gestaltungsideen – innovativ und einfühlsam

Einfach und einfühlsam nennt Jo Thompson ihren Stil. Ihr großer Erfolg basiert auf ihrem Gespür für die angemessene Gartenräumlichkeit. In gewisser Weise schafft sie Orte, die im modernen Sprachgebrauch mit dem englischen Wort *location* treffend charakterisiert sind. Eine Location beschreibt nicht nur die Lage oder den Standort eines Geländes. Darin schwingt auch die filmische Komponente des Ortes mit. Der muss zum Thema passen, Atmosphäre ausstrahlen und eine Stimmung rüberbringen, die das inhaltliche Konzept glaubhaft macht. Letztendlich ist jeder Garten die Bühne für eine Handlung.

Die Chelsea Flower Show liefert der Gartengestalterin besonders spannende Drehbücher. Für einen kleinen urbanen Garten gab ihr der Sponsor die Figur eines reifen, stylishen Gentleman vor. Jo Thompson kreierte »The unexpected Gardener« als ästhetisch ansprechendes Refugium von großem praktischem Nutzen. Die vier Beete des Gartens sind erhöht. Das erleichtert den Zugang und gibt die Struktur eines Innenhofs vor. In der Mitte gluckst ein eigens für den Garten konzipiertes Wasserspiel. Das Design lehnt sich an den offenen Kaminplatz und den Sitzbereich im hinteren Teil des Gartens an. Auf kleinstem Raum bekommt der Gartenbenutzer alles, was er braucht. Die Quellsäule sorgt für ein angenehmes Klima. Das Geräusch von rieselndem Wasser beruhigt. Auf erfrischend moderne Art interpretiert es den Brunnen im Mittelpunkt eines Klostergartens neu. Der umschlossene Raum ist ein zentrales Thema in Jo Thompsons Design. In »The unexpected Gardener« wird die klassische Umfriedung durch die Pflanzkästen angedeutet und mit der Bepflanzung aufgelockert. Die gefeierte *plantswomen* ist bekannt für ihre wiesenartigen Kompositionen, in denen ornamentale Stauden auf natürliche Weise miteinander verwoben werden. Gemäß der Maxime »unerwartet« hat sie hohe Pflanzen wie den filigranen Wiesenkerbel in den Vordergrund gerückt. Was nach klassisch englischem Beetaufbau unüblich ist, ergibt für die frische Designerin schon rein gestalterisch Sinn. Hohe, halbdurchsichtige Pflanzen treten als Schleier auf. Das ruft die Illusion von Tiefe in kleinen, schmalen Beeten hervor und teilt den Raum behutsam in verschiedene Kompartimente. So bilden die sanft vom Wind bewegten Pflanzbeete einen wiesenartigen Paravant zur geselligen Runde am Feuerplatz und vermitteln selbst dem, der nicht mehr hockend und kniend im Gras sitzen kann, das Gefühl, bei einem Picknick in der Natur zu sein. Mit einer Funktionalität auf ansprechendem Niveau zeigt der Garten, dass Alter und Behinderung keine Barriere zum Gärtnern sein müssen.

Die Wohltätigkeitsorganisation hinter dem Schaugarten, Thrive, unterhält selbst Gärten und Gartenprogramme für Menschen mit Behinderung. Um sich Inspirationen zu holen, besuchte Jo Thompson diese Projekte. Vor Ort konnte sie sich von den positiven Auswirkungen der Gärten und der Arbeit darin auf die dort beschäftigten Menschen machen. Ideen, wie ein Garten zum Ort der Inklusion werden kann, und das Leben generell verbessert, flossen in ihre Überlegungen ein. Was die geradlinige Anordnung der Wege und der Treffpunkt Feuerplatz anschaulich demonstrieren, gilt für jede gute Gartengestaltung: Alle Bereiche sollten leicht zugänglich sein. Das Ambiente am Sitzplatz muss dazu einladen, zusammenzukommen. Im Demelza-Schaugarten gelang ihr das mit einem Sitzrund. Die lauschige Aufenthaltszone ist schon rein formal Dreh- und Angelpunkt des Entwurfs. Jo Thompson erzielt ihre intensive Raumerfahrung durch die gestalterische Verbindung aller Gartenteile. Runde Formen sind besonders gut geeignet, verschiedene Bereiche aneinanderzukoppeln. So wie die Erde um die Sonne kreist, gruppieren sich die Pflanzen um den Sitzplatz. Die runde Steinbank aus Ziegel und Yorkstone liegt leicht erhöht. Von dieser Warte aus ist das umliegende Areal besser überschaubar, ohne das Gefühl von Geborgenheit einzubüßen. Die familiäre Vertraulichkeit wird durch die fast schreienden Farben von sattem Orange, strahlendem Gelb und hervorstechendem Limonengrün der Pflanzen belebt. Als Lieblingsfarben der Kinder aus dem Kinderhospiz Demelza hat Jo Thompson sie in ein Farbbett aus kühlen Blautönen und besänftigenden Blüten von Granat und Rauchquarz gelegt.

Schaugarten »The unexpected Gardener« auf der Chelsea Flower Show

Stadtgarten im zeitgenössischen Stil für den »reifen, stylishen Gentleman« (Fotos Seite 30–31, 36–37)

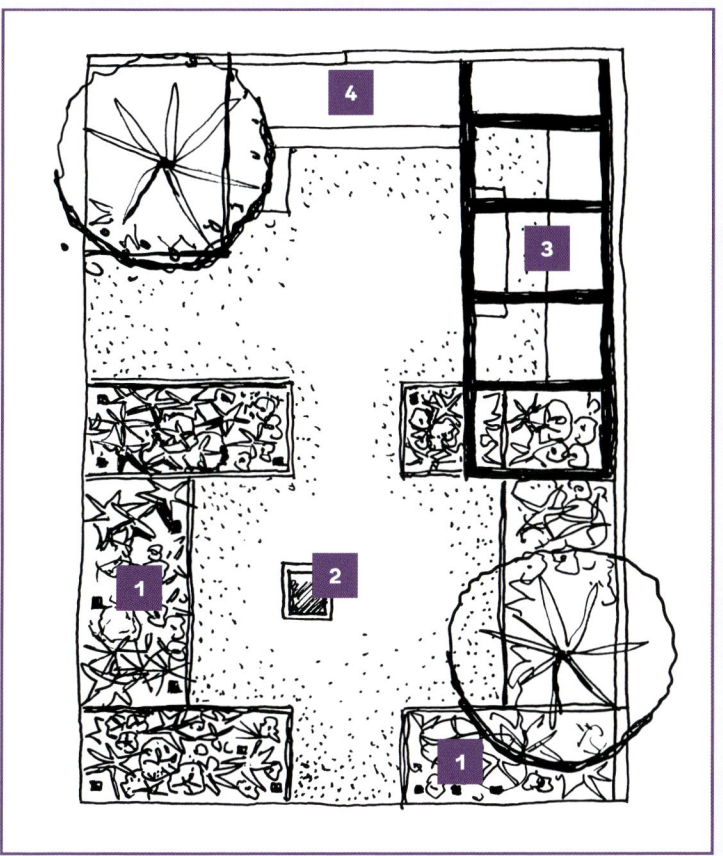

LEGENDE
1 Hochbeete
2 Wasserspiel
3 Sitzplatz
4 Feuerplatz

GRÖSSE
35 m²

BESONDERE KENNZEICHEN
* Erhöhte Beete und eine klare Raumgliederung erleichtern den Zugang.
* Zwei Bäume, davon einer mit dekorativer Rinde, bieten Schatten.
* Feuerplatz und Sitzplatz machen den Garten gemütlich und gesellig.

Demelza-Schaugarten auf der Chelsea Flower Show

Stadtgarten im urbanen Cottagestil für ein Kinderhospiz (Fotos Seite 38–39, 41)

LEGENDE
1 Kreisförmige Sitzbank
2 Mehrstämmige Birke
3 Wiesenartige Bepflanzung
4 Glockenspiel

GRÖSSE
20 m²

BESONDERE KENNZEICHEN
* Zentraler Punkt ist die erhöhte Sitzbank.
* Die farbkräftige Pflanzung rahmt den Treffpunkt schützend ein.
* Freihängendes Klangspiel und Wasserharfe bieten Anregungen für den Gehörsinn.

Besondere Gartenorte

Schaugarten »The unexpected Gardener« auf der Chelsea Flower Show

Ganz links oben: Mahagoni-Kirsche *(Prunus serrula)* fällt durch ihre glänzende Rinde von geradezu künstlerischer Struktur auf.

Links oben: Ein Sonnenschutz aus raffiniert zusammengefügten Kunststoffteilen sorgt für ein interessantes Licht- und Schattenspiel am Sitzplatz.

Ganz links unten: Der Outdoor-Feuerplatz ist als offener Kamin gestaltet. Die eingebauten Regale zum Stapeln des Brennholzes gliedern den Raum gleichzeitig und stellen über das gelagerte natürliche Material einen Bezug zur pflanzlichen Umgebung her.

Links unten: Dem Charakter einer Blumenwiese nachempfunden sind exzellente Staudenzüchtungen miteinander vergesellschaftet. Doldenblütiger Wiesenkerbel 'Ravenswing' *(Anthriscus sylvestris)* und Storchschnabel 'Lily Lovell' *(Geranium phaeum)* verweben sich mit kerzenförmigem Salbei 'Caradonna' *(Salvia nemorosa).*

Rechte Seite: Rose 'Hot Chocolate' und lilafarbene Bart-Iris 'Dusky Challenger' geben das Farbschema in den erhöhten Beeten vor. Bronzefenchel 'Rubrum' *(Foeniculum vulgare)* setzt mit seinem filigranen Laubwerk einen hübschen Kontrast. Verspielte Leichtigkeit zaubert der dunkellaubige Wiesenkerbel 'Ravenswing' zwischen die Prachtpflanzen.

Linke Seite oben links: Ein Glockenspiel an Drahtseilen wirkt modern und fordert dazu auf, den Gartenraum mit Tönen klanglich auszufüllen.

Linke Seite oben rechts: Lindgrüne Blütenpflanzen sind in englischen Gärten besonders beliebt. Sie mildern knallige Farben ab und wirken dennoch erfrischend. Jo Thompson zieht für diesen Zweck eine seltene Art mit dem botanischen Namen *Mathiasella bupleuroides* einjährig heran.

Linke Seite unten links: Leuchtendes Orange bestimmt den Schaugarten farblich. Wenige Stauden verkörpern die Trendfarbe so lebhaft wie Nelkenwurz 'Princess Juliana' *(Geum-Hybride)*. Ihren Komplementär findet sie im Kornblumenblau der Berg-Flockenblume *(Centaurea montana)*.

Linke Seite unten rechts: Eine mehrstämmige Sand-Birke *(Betula pendula)* heitert durch ihre weiße Rinde auf und senkt ihre locker herabhängenden Zweige als lichter Schirm über den Sitzplatz.

Oben: Die kreisrunde Sitzbank liegt podestartig erhöht. Der Kiesbelag nimmt die Farbe der Sitzfläche aus Yorkstone auf und knirscht angenehm unter den Füßen. Ein klangliches Angebot auf Augenhöhe macht das Glockenspiel.

Demelza-Schaugarten auf der Chelsea Flower Show

»Ein Garten sollte sich in seine Umgebung einfügen und fließende Übergänge schaffen.«

JO THOMPSON IM GESPRÄCH

Welches Gartenprojekt war bisher Ihre größte Herausforderung und wie haben Sie diese gemeistert?
Ein privater Küstengarten in Südengland mit einem modernen Haus war bisher mein liebstes, aber auch anspruchvollstes Design. Als Gartengestalterin versuche ich immer, auf das Haus und den Charakter der Umgebung zu achten, damit nicht zwei Welten aufeinanderprallen. Die Pflanzen müssen passen. In diesem speziellen Fall mussten sie wind- und salzverträglich sein und auf reinem Sandboden gedeihen. Ich habe viel mit Gräsern wie Blaustrahlhafer (Leymus arenarius) und Schwingel (Festuca) gearbeitet. Vom Haus habe ich die Linien der äußeren Struktur und die Holzverkleidung aufgenommen. Ein schlängelnder Weg aus Zederdielen führt durch die Dünen zu einem Senkgarten. Der Besitzer wollte Privatsphäre gegenüber dem Strand, ohne den Blick auf die See zu verlieren.

Sie sind bekannt dafür, ein besonderes Gespür für den Ort zu haben, an dem Ihre Gärten entstehen. In der Gartengeschichte gibt es dafür den Begriff des *genius loci*. Wie befragen Sie den »Geist des Ortes«?
(lacht) Das ist schwer zu sagen. Vielleicht habe ich ein Verständnis dafür wertzuschätzen, was da ist. Ich schaue mich erst einmal um. Was bietet der Ort an Sehenswertem? Wenn es eine fantastische Aussicht gibt, wäre es eine Sünde, Bäume davor zu pflanzen, wie ich es kürzlich sah. Ich versuche, Gartenräume so zu gestalten, dass sie ein Refugium werden. Das gelingt oftmals durch kleinteiligere Räume im großen Gartenraum, wie wir es aus Innenhöfen oder Klostergärten kennen.

Sie sagen, jeder Garten müsse aus seiner Lage und seinen Gegebenheiten heraus entwickelt werden. Können Sie das konkretisieren?
2016 habe ich für den Schaugarten »Chelsea Barracks« herausgefunden, dass unter dem Standort auf den alten Chelsea-Kasernen, einer von Londons verlorengegangenen Flüssen verlief. Dieser Fluss musste natürlich in meinem Entwurf wieder auftauchen und floss durch den ganzen Garten. Wenn eine Umgebung charakterbildende Züge anbietet, versuche ich, sie im Garten fortzuführen. Wir hatten zum Beispiel in der malerischen Landschaft Kents eine Dachterrasse auf einem historischen Gebäude mit fantastischer Aussicht zu planen. In den Pflanzkübeln habe ich ein Echo der Umgebung vorgesehen und unter anderem Azaleen und Rhododendren eingesetzt, wie sie in der Landschaft vorkommen.

Was machen Sie in einer hässlichen Umgebung?
Da verwende ich Sichtschutz oder verstecke das, was ich nicht sehen will, hinter markanten Bäumen – häufig in urbanen Gärten.

Wie geben Sie einem kleinen Dachgarten Weite und Vielfalt?
Ein einfaches Beispiel ist der Terrassenbelag. Auf besagtem Dachgarten in Kent habe ich den lokalen Kalkstein in zufälligen Intervallen als Detail durch den Holzbelag laufen lassen. Das fesselt das Auge, lässt den Raum optisch weiter erscheinen und suggeriert Vielfalt.

Für FERA, eine Nahrungs- und Umwelt-Agentur haben Sie unter dem Titel *Stop the Spread*, Stoppt die Verbreitung, einen Schaugarten angelegt, der auf die Bedrohung der Flora durch Krankheiten und Schädlinge sowie nicht heimische invasive Arten aufmerksam machte. Welche Schlüsse können wir daraus für die eigene Gartenplanung ziehen?
Wir halten unsere Landschaft und unsere Gärten für selbstverständlich. Unsere Vorfahren hegten und pflegten sie jedoch in dem Wissen, dass erst folgende Generationen sie in ihrer vollen Schönheit sehen würden. Mir liegt sehr viel daran, dass wir ihrem Vorbild folgen, langfristig denken, in geduldiger Vorausschau, und den folgenden Generationen etwas Gesundes und Schönes hinterlassen. Indem wir unsere Pflanzen bei vertrauenswürdigen Züchtern kaufen, oder auch Bäume setzen, in deren Schatten sich vielleicht erst unsere Enkel ausruhen können, gestalten wir nachhaltig. Wir sollten auch darauf achten, Gartenzüchtungen im Garten zu halten und nicht auswildern zu lassen.

Um das Umherstreifen oder genauer den »Urlaub im Wohnwagen hochleben zu lassen« ging es in Ihrem Chelsea-Schaugarten »A Celebration of Caravaning«. Was lässt sich davon auf den permanenten Privatgarten übertragen?
Ein Garten sollte immer ein bisschen Urlaubsstimmung aufkommen lassen. In diesem Garten habe ich viel Wert auf den Tastsinn gelegt. Details wie die Holzdeck- und Sandsteinwege und eine Wasserrinne ermuntern dazu, den Garten barfuß zu erkunden.

In aufstrebender Form halten Königskerze 'Cherry Helen' und die Bart-Iris-Sorten 'Dusky Challenger' sowie 'Country Town Red' ungewöhnliche Farben hoch.

Besondere Gartenorte

Wendy von Buren
Claire Moreno
Amy Robertson

GEMEINSAM GESTALTEN

Das Gestalterinnen-Trio

Amy Robertson, Claire Moreno und Wendy von Buren sind durch ihren Schaugarten auf der größten Blumenausstellung der Welt bekannt geworden. 2015 erhielten sie auf der Hampton Court Flower Show den begehrten Publikumspreis und die Silbermedaille für ihren Garten »The Wellbeing of Women«.

Die Preisverleihung ist der erste Höhepunkt des Gestalterinnen-Trios Wendy von Buren, Amy Robertson und Claire Moreno. Ein Fortbildungsstudium an der renommierten Garten-Design-Schule in Painshill Park, der als leuchtendes Beispiel des englischen Landschaftsgartens gilt, führt die drei Gartendesignerinnen zusammen. Jede von ihnen besitzt das begehrte Zeugnis der Royal Horticultural Society (RHS) in Gartenbau. Alle drei betreiben bereits ihr eigenes Gartenplanungs-Geschäft. Nun besuchen sie neben ihrem eigentlichen Job den einjährigen Intensiv-Diplomkurs. Schnell kommen sie ins Gespräch: »Ach, du warst auch nicht von Anfang an im Gartenbusiness?«, könnte jede die andere fragen.
Claire Moreno hat für Walt Disney und Channel 4 gearbeitet: »Ich war über zehn Jahre in der Medienbranche als Post Production und Serving Manager tätig, aber die Arbeitswelt veränderte sich rasant und ich fühlte mich nicht mehr wohl.« Claire besinnt sich auf ihr Interesse am Gartenbau und wird Gärtnerin. Nach dem Abschluss arbeitet sie ein Jahr lang zwei Tage die Woche als Trainee in den meisterhaften Gärten von Belmont House. Die von hohen Ziegelmauern geschützte Anlage war zuvor von der bekannten englischen Gartendesignerin Lady Arabella Lennox-Boyd neu gestaltet worden. »Was für einen Unterschied eine wohlüberlegte Raumgestaltung macht!«, erkennt Claire durch die Arbeit im *walled garden*. Belmont weist ihr den Weg zum Gartendesign und zeigt, dass ein Garten aus mehr als strahlend farbigen Blumen besteht.

Um ein Gartengestaltungs-Business zu führen, ist es erst recht nicht nur mit schöner Beetbepflanzung getan, bestätigt Wendy. Sie hat 24 Jahre für die Hongkong-and-Shanghai-Bank-Handelsgesellschaft gearbeitet. Ihre Fertigkeiten in Projektmanagement, Budgetierung und Kommunikation sind von großem Vorteil bei der Umsetzung eines Gartens von der Planung bis zum Abschluss. Sie kennt sich damit aus, Projekte ans Laufen zu bringen. Nun geht es ihr darum, gartenbegeisterten Kunden zur perfekten Aufenthaltsqualität zu verhelfen. Die Leidenschaft fürs Gärtnern hat sie von ihrer Mutter geerbt: »Sie war immer draußen und kreierte neue Gartenbereiche für die unterschiedlichsten Nutzungsarten, und ich half ihr gern dabei.«

Vorherige Doppelseite: Der Schaugarten wurde anlässlich des 50-jährigen Bestehens der Wohltätigkeitsorganisation Wellbeing of Women angelegt und stellt eine Verbindung zwischen Gärten und Wohlbefinden her. Dazu tragen aromatische Kräuter ebenso bei wie der lauschige Effekt mit Wasserbecken und Sichtschutzwänden. Auf der einen Seite sind sie durch eine lebende Wand mit Pflanzen in vertikaler Pflanztechnik bestückt. Gegenüber vermitteln künstlerische Blumenabdrücke als aufgehängte Bilder wohnliche Atmosphäre.

Bei Amy ist es nicht anders: »Gärtnern war schon immer meine Leidenschaft, seit ich als Kind mit meiner Mutter im Garten arbeitete.« Als ihr Arbeitsplatz im Gesundheitswesen einem Stellenabbau zum Opfer fällt, greift die Qualitätsmanagerin die Gelegenheit beim Schopfe und besinnt sich auf ihre kreativen Wurzeln. Nach dem RHS-Abschluss in Gartenbau volontiert sie ein Jahr im vielbesuchten Nymans Garden. Das Gartenjuwel des National Trust ist bekannt für seine vielfältigen Gartenräume, von denen jeder eine ungewöhnlich reiche Sammlung ausgefallener Pflanzen beherbergt. Die ursprünglichen Besitzer finanzierten Expeditionen in den Fernen Osten, nach Birma und von Südamerika bis Tasmanien. Zahlreiche Kreuzungen entstehen in dem Garten. Amy profitiert von dem Anschauungsmaterial. Mehrere Jahre arbeitet sie in einer Gärtnerei, wo sie Kunden berät.

So sitzen die drei häufig zusammen und tauschen sich aus. Wie gut es tut, über Schwierigkeiten wie Planungserlaubnis und Baumverordnungen zu reden. Eifrig diskutieren sie ihr aktuelles Gartendesign aus dem Diplomstudium. Doch diesmal sind sie besonders aufgeregt. Ihre Tutoren haben die Möglichkeit ins Spiel gebracht, einen Schaugarten anzulegen. Nach dem Besuch eines Schaugartens der Royal Horticultural Society sind sie sich sicher: »Wir versuchen das zu dritt.« Der Garten soll für einen guten Zweck sein. »Etwa zur gleichen Zeit, als wir darüber sprachen, wurde ich zu einer Veranstaltung der Wohltätigkeitsorganisation Wellbeing of Women eingeladen, die sich um die Gesundheit von Frauen nach Fehl- und Totgeburten kümmert«, erzählt Wendy von Buren. Sie nennt es *serendipity*. Der in England geläufige Begriff geht auf Großbritanniens einflussreichsten Kommentator in Sachen Gartenkunst und Architektur Horace Walpole (1717–1797) zurück. Im Deutschen als »Spürsinn« übersetzt, meint die Wortschöpfung »ein Ding zu finden, das nicht gesucht und doch gebraucht wird«. Walpole kam darauf, als er das verrückte Märchen von den drei Prinzen von Serendip las, die auf ihren Reisen ständig Entdeckungen machten, ohne ihnen gezielt auf der Spur zu sein. Serendip war der frühere Name der Insel Sri Lanka. Hier nun waren es drei Gartengestalterinnen, die sich auf unbekanntes Terrain begeben hatten und damit den Publikumspreis »Bester kleiner Garten« und eine Silbermedaille gewannen.

Des Trios Geheimnisse

WAS IST IHR GARTENGEHEIMNIS, CLAIRE?
Ein Garten ist ein lebendes Etwas, das sich entwickelt. Ich versuche, ein Verständnis dafür zu bekommen. Ich muss mir vorstellen können, wie er in fünf oder zehn Jahren aussehen wird und welche Pflege er braucht.

UND IHR GEHEIMNIS, AMY?
Es braucht das Glück, talentierte Menschen zu finden, die all die charakteristischen Elemente handwerklich umsetzen können, die wir für den Garten entwerfen. Bei der Bank beispielsweise musste die Konstruktion stimmen. Für die drei botanischen Tafeln, die so aussehen sollten, als hingen sie in der Eibenhecke, wurden Metallstützen konstruiert.

WAS IST IHR GEHEIMNIS, WENDY?
Es gibt für mich nichts Schöneres, als eine Arbeit die ich liebe, mit Leuten zu machen, die ich mag. Deshalb rate ich jedem, seine Ideen mit Gleichgesinnten durchzuspielen. Und sich Unterstützung zu holen, wenn ein Vorhaben zu schwierig wird. Allein kommt man oft nicht weiter.

Gemeinsam gestalten

Wendys, Claires und Amys Stil – neugierig machen mit klarer Aussage

Jeder Garten hat einen persönlichen Bezug zu seinen Besitzern. Er ist Ausdruck ihrer Vorstellungen und Träume. In seiner Aufteilung spiegelt er wider, wie der Freiraum genutzt werden soll. Dabei sind manche Gärten auf eine besondere Art individualisiert, weil sie unter ganz speziellen Kriterien angelegt wurden. »The Wellbeing of Women Garden« ist solch eine Visitenkarte. Mit dem prämierten Schaugarten machte das Designer-Trio Wendy von Buren, Amy Robertson und Claire Moreno auf die verdienstvolle Arbeit der gleichnamigen Wohltätigkeitsorganisation aufmerksam. Seit 50 Jahren finanziert die karitative Einrichtung medizinische Forschung im Bereich Frauengesundheit. Wie die drei Frauen das Thema umgesetzt haben, verrät nicht nur viel über ihren Stil, sondern gibt auch Aufschluss über allgemeingültige Gestaltungsregeln.

Als Erstes ging es um die Ausstrahlung des Gartens. Ausgehend von der Organisation zum Wohlergehen von Frauen sollte der Garten ein feminines Design bekommen, ohne allzu verspielt zu wirken. Die Wahl fiel auf runde Formen für die strukturgebenden Elemente von Wegen und Plätzen. Die Pflanzen sollten durch feingliedriges Blattwerk und weiche Texturen als weiblich wahrgenommen werden. Gerüstbildende Funktion übernahmen Birken, die gemeinhin als die mädchenhaftesten unter den Bäumen empfunden werden. In den fast wiesenartig bepflanzten Randbereichen kamen Stauden zum Zuge, die wie Fingerhut Cottage-Garten-Romantik und Heilpflanzen-Aura umgibt, oder Pflanzen, die explizit die Sinne ansprechen. Beim Betreten eines Teppichs von Römischer Kamille und Thymian steigt wohltuender Duft auf. Andere Kräuter geben ihr heilsames Aroma ab, wenn neugierige Hände darüber streichen. Vor allem Frauen lieben es, die einladend von Federborstengras ausgestreckten Blütenstände anzufassen. Gräser bringen ein tänzerisches Element in die Gartengestaltung ein, wenn sie mit jedem Windhauch beweglich schwingen. Durch die Bewegung entstand eine gefällige Lebendigkeit um den zentralen Treffplatz. Indem die Pflanzen drumherum verdichtet wurden, erschien der begrenzte Raum tiefer. So wurde ein Rückzugsort erschaffen. In der Farbgestaltung kam den dreien das Glück zu Hilfe. Die Farben des Organisationslogos Lila-Blau-Weiß waren die Farben, die Gestalter traditionell einsetzen, um eine Atmosphäre von Ruhe und Entspannung zu erzeugen. Das war auch die Stimmung, die das Gestalter-Trio kreieren wollte. Architektonische Elemente wurden auf das pflanzliche Farbschema abgestimmt. Am auffälligsten sind die mobilen Poufs in einem Lilaton. Das Pflaster in sanften Tönen passte zu den kühlen Pflanzenfarben. In Farben und Formen suggerierte das Refugium: Hier findest du Ruhe, die in einer bestimmten Situation notwendig sein kann.

Mit dem Aufbau eines Gartens wird eine klare Aussage getroffen. Das kann so weit gehen, dass die konstituierenden Elemente eine symbolische Funktion übernehmen. In diesem Fall lag eine kleine runde Terrasse im Zentrum des Gartens. Sie stand für den Kreislauf des Lebens. Ein gebogener Trittsteinpfad führte zur Terrasse. Er deutete eine Reise an. In jedem der fünf Trittsteine war eine Jahreszahl eingemeißelt. Die Dekaden markierten die entscheidenden Momente in der Forschungsgeschichte der Organisation. Eine Gestaltung »in Gedenken an« bietet sich in vielen Bereichen an. Im Garten »Wellbeing of Women« hoben sich drei Blumentafeln vor dem dunklen Hintergrund einer Eibenhecke ab. Die Abdrücke konnten als eine Art Gedenktafel für die Leben jener Frauen und Babys gelesen werden, die vor oder bei der Geburt starben. Die Gestalterinnen nutzten die von Künstlerin Rachel Dein geschaffenen Blumenabdrücke, um flüchtige Momente des Lebens für immer festzuhalten. Die Abdrücke erinnerten an den Hand- oder Fußabdruck, den Eltern von ihren neugeborenen Kindern machen. Es ist der seit der Antike bekannte Versuch, das Vergängliche in gemalten Naturszenerien auf Gartenwänden und in Innenhöfen festzuhalten. Demgegenüber stand eine lebende Wand, wie sie im urbanen Gärtnern immer häufiger zum Einsatz kommt. Sie hob den Erfolg hervor, den die Wohltätigkeitsorganisation im Kampf um das Leben von Millionen Frauen und Kindern durch bessere Pränataldiagnostik und andere Formen der Vorsorge in der Schwangerschaft und Menopause erzielt hat.

Schaugarten »The Wellbeing of Women« auf der Hampton Court Flower Show

Urbaner Garten für eine Wohltätigkeitsorganisation

LEGENDE
1. Zentraler Sitzplatz
2. Lebendige Wände
3. Künstlerische Blumentafeln
4. Wasserelement

GRÖSSE
42 m²

BESONDERE KENNZEICHEN
* Trittsteinpfad mit duftendem Kräuterrasen führt zur zentralen Begegnungsfläche.
* Wetterbeständige Poufs erweitern den Sitzplatz.
* Feminine Bepflanzung in Farb- und Formwahl.

Linke Seite oben links: Ein Wasserbecken trägt zur beruhigenden Atmosphäre des Gartenraums bei. Es wird von Blütenfontänen des flauschigen Federborstengrases 'Tall Tails' *(Pennisetum orientalis)* umspielt.

Linke Seite unten links: In den Trittsteinen sind Jahreszahlen eingraviert. Sie markieren wichtige Jahre, in denen die Forschung der Organisation entscheidende Hürden genommen hat. Dazwischen breitet sich ein aromatischer, betretbarer Teppich von Römischer Kamille 'Treneague' *(Chamaemelum nobile)* und Feld-Thymian *(Thymus serphyllum)* aus.

Linke Seite oben rechts: Weißstämmige Birken wirken heiter und spiegeln wie weißer Fingerhut, silberweiße Sterndolden und lilafarbener Salbei die Farben des Logos der Organisation wider.

Linke Seite unten rechts: Wetterfeste lilafarbene Poufs können nach Belieben im Gartenraum verschoben werden. Auf der gepflasterten Fläche bleibt viel Raum für Begegnung.

Oben: Eine lebende Wand hat den großen Vorteil, in urbanen Gärten für mehr Grün zu sorgen. Neben dem Gefühl, das die dschungelartigen Pflanzen vermitteln, filtern sie Feinstaub und dämpfen Geräusche. Wo wenig Platz zur Verfügung steht, eröffnet die vertikale Ebene völlig neue Gestaltungsmöglichkeiten.

»Es ist unsere Leidenschaft, jede mögliche Gartenfläche in einen Platz von Schönheit umzuwandeln.«

WENDY, CLAIRE UND AMY IM GESPRÄCH

Das Thema Ihres Schaugartens »Wellbeing«, Wohlergehen, schwingt immer beim Gärtnern mit. Ist Ihr Konzept auf jeden Privatgarten übertragbar?
Ja, es kann auf jeden Privatgarten übertragen werden. Das war wohl auch der Grund, warum »Wellbeing« auf der Schau so populär war und vom Publikum zum beliebtesten Sommergarten gewählt wurde. Seine Größe von 6 x 7 Metern passt in die meisten kleinen Privatgärten hinter dem Haus. Anstelle der halbrunden Bank wären ein Tisch und Stühle vielleicht praktischer. Es könnte auch ein eigener Gartenraum in einer größeren Anlage sein, nur zum Sitzen und Relaxen.

In Ihrer Planung für die Hampton Court Flower Show haben Sie sich auf die medizinische Forschung der Wohltätigkeitsorganisation Wellbeing of Women bezogen, indem Sie entsprechende Pflanzen ausgesucht haben. Kann ich so auch an meine private Planung herangehen?
Absolut. (Wendy) Wenn ich einen hundefreundlichen Garten planen soll, suche ich Pflanzen aus, die Hunden nicht schaden, falls sie daran fressen sollten. Ein anderes Thema könnte es sein, nur heimische Pflanzen zu verwenden.

Lila, Blau und Weiß waren die Farben des Logos der Wohltätigkeitsorganisation. Welche Wirkung erzielen diese Farben unabhängig davon?
Sie schaffen eine ruhige, entspannte Atmosphäre. Das Farbschema ist aber auch sehr hilfreich, um Insektenleben in den Garten zu locken. Viele Insekten fliegen auf diese Blütenfarben. Sie funktionieren also auch sehr gut in einem naturnahen Garten, oder wie wir sagen *wildlife garden*.

In Ihrem Schaugarten haben Sie Tafeln mit Blumenabdrücken verwendet. Wie lange halten solche botanischen Drucke und wo bieten sie sich im Privatgarten an?
Die Tafeln wurden von der britischen Künstlerin Rachel Dein entworfen. Ihre Arbeit geht auf die alte Tradition des Naturdrucks zurück und ist ein Schmuckelement von besonderer Ausdruckskraft. Es bringt die Formen der Natur in künstlerisch veredelter Form in den Garten und bietet sich wie jedes Kunstwerk als Botschaft und Blickfang an. Sie sollten ein Leben lang halten, sofern sie nicht ständig schlechtem Wetter ausgesetzt sind.

Welche Erfahrungen haben Sie mit den lebenden Wänden gemacht?
Es war das erste Mal, dass wir eine lebende Wand in unserem Design verwendeten. Die Kosten dieser vertikalen Elemente übersteigen meist das Budget unserer Kunden und den Grad an Pflege, den sie investieren wollen. Aber mit dem von der Gesellschaft Biotechture gesponsorten Wand haben wir gute Erfahrungen gemacht. Die Wand war extrem einfach zu installieren und besitzt ein eingebautes Bewässerungs- und Düngesystem.

Für Aufsehen haben die Poufs als Sitzgelegenheit gesorgt. Wie wichtig sind solche Details?
Details sind wichtig im Garten, wenn Sie versuchen, eine bestimmte Atmosphäre zu schaffen, oder um ein spezielles Bedürfnis anzusprechen. In unserem Schaugarten wurde uns schnell klar, dass wir mehr Sitzgelegenheiten brauchten, um die halbrunde Bank zu komplementieren und einen Bereich zu schaffen, in dem Menschen zum Austausch zusammenkommen können. Wir entschieden, dass das in einem beweglichen Format sein sollte, weich und komfortabel. So kamen wir auf die wasserfesten Gartenpoufs von Mary Goulding.

Sie haben den Schaugarten zu dritt geplant. In Familiengärten ist die Situation ähnlich – alle wollen sich einbringen. Wie gelingt die Kooperation?
Wir haben uns die Aufgabenstellung zusammen angehört. Das entspricht den Vorstellungen jedes einzelnen Familienmitglieds. Dann hat jede für sich überlegt, wie die Vorgaben umgesetzt werden könnten, und ihr eigenes Design entwickelt. Mit all unseren Einfälle sind wir wieder zusammengekommen und haben die besten Ideen genommen. Daraus haben wir einen gemeinsamen Gartenplan entwickelt. (Wendy) Ich liebe es als Trio zusammenzuarbeiten, weil wir viel Spaß haben. (Claire) Das haben wir. Wir sind alle drei starke Persönlichkeiten mit verschiedenen Fähigkeiten, sodass wir uns gegenseitig ergänzen. (Amy) Ja, wir kennen unsere Stärken und können deswegen als Team arbeiten. Es gab kein Ego. Deshalb gab es auch keine Probleme.

50 Wendy von Buren, Claire Moreno, Amy Robertson

Zu den Kräutern Salbei 'Purpurascens' *(Salvia officinalis)*, Rosmarin *(Rosmarinus officinalis)* und Feld-Thymian *(Thymus serphyllum)* gesellen sich die Dauerblüher Storchschnabel 'Rozanne' *(Geranium)* und Steife Verbene *(Verbena rigida)*.

Deutschland

GARTENDOMÄNE DER DICHTER, DENKER UND ÖKOLOGEN

Über Jahrhunderte nahm die deutsche Gartengestaltung Impulse anderer Länder auf. Erst als ein englischer Gartenjournalist im Jahr 2002 einen begeisterten Artikel über den »New German Style« veröffentlichte, hatte es die Gartenwelt Schwarz auf Weiß: Die neue Art der Staudenverwendung war typisch deutsch. Auf die kürzeste Formel gebracht, ging es mit den Worten ihres Wegbereiters Richard Hansen darum, »den rechten Platz für die rechte Staude zu finden«. Das geschah wissenschaftlich fundiert im ersten Sichtungsgarten in Deutschland, den der Gartenarchitekt und Professor an der Lehr- und Forschungsanstalt Weihenstephan im bayrischen Freising ins Leben gerufen hatte. In der praktischen Anwendung zeigte die Freiflächenpflanzung der Gartengestalterin Rosemarie Weisse auf der Internationalen Gartenausstellung 1983 in München, worum es bei der neuen Pflanzenverwendung nach »Lebensbereichen« ging.

Ein Lebensbereich bezeichnet den Standort, der dem natürlichen Vorkommen einer Staude am ehesten entspricht. Er berücksichtigt neben den Licht- und Bodenverhältnissen den natürlichen Wuchs- und Ausbreitungsdrang der Gewächse und umfasst die pflanzliche Gesellschaft, in der sich eine Staude am wohlsten fühlt. Nach dem Verwendungsschwerpunkt waren sieben Lebensbereiche (Gehölz, Gehölzrand, Freifläche, Steinanlage, Beet, Wasserrand und Wasser) erarbeitet worden, in die alle bekannten Stauden eingruppiert werden können. Aus dieser Art Baukastensystem hatte die Planerin Weisse also eine Lebensgemeinschaft erschaffen, die wie aus der Natur gegriffen schien und gleichzeitig den ästhetischen Ansprüchen eines Gartens gerecht wurde. Mit der ebenfalls in Deutschland stark gewordenen Naturgartenbewegung hatte die häufig auch als naturnahe Pflanzenverwendung bezeichnete Stilrichtung nur eines gemeinsam: Es handelte sich um angewandte Ökologie.

Eine starke Naturverbundenheit zeichnet die deutsche Gartengestaltung von jeher aus. Dabei geht es nicht um romantische Schwärmerei. Der Garten steht im Spannungsfeld von paradiesischer Naturvorstellung und realer Welt. Er vermittelt zwischen Organischem und Anorganischem und kann zum Verbindungsstück zwischen Gebäuden und Landschaft werden – das haben die Garten- und Landschaftsarchitekten analysiert. Ihr Ansatz muss demnach interdisziplinär sein. So wie das der Bornimer Kreis um den berühmten Staudengärtner, Züchter und Philosophen Karl Foerster aus Bornim bei Potsdam war. Die erlesene Runde aus bedeutenden Künstlern, Schriftstellern, Musikern und Naturwissenschaftlern gehörten neben anderen Garten- und Landschaftsarchitekten auch Richard Hansen und Herta Hammerbacher an. Die Fachfrau war eine Vorreiterin in dem lange von Männern dominierten Metier. Ihr Studium schloss die spätere Professorin als staatlich geprüfte Gartenbautechnikerin in Berlin-Dahlem ab, die erste Hochschule in Europa, die Frauen zum Architekturstudium zuließ. Mit ihrem Stil frei schwingender Linien, deren Unregelmäßigkeit sich aus mathematisch definierten Kurven entwickelt, und naturhaft wirkender Pflanzungen, legte sie den Grundstock für eine neuzeitliche Gartengestaltung. Haus und Garten verschmelzen zur Raumeinheit. Aus dem Stück Erde zwischen Architektur und Natur wird eine großzügige Wohnlandschaft.

Christine Schaller

HARMONIELEHRE DER VIER GARTENTYPEN

Die Stilberaterin

Christine Schaller sieht in ihrem Beruf Moden kommen und gehen. Die Prinzipien einer gelungenen Gestaltung bleiben für sie die gleichen. Im Endeffekt geht es immer darum, »dass Sie etwas zu sehen bekommen«.

Christine Schaller steckt das Gärtnern im Blut. Bereits 1894 hatte ihr Urgroßvater eine Baumschule gegründet. Damals war der Familienbetrieb eine reine Produktionsstätte für Obstbäume. Bis zur Enkelgeneration sollte das so bleiben. Ende der 1980er-Jahre ändern sich die Verhältnisse schlagartig. Der europäische Markt öffnet sich. Mit Obstbäumen allein ist kein Geschäft mehr zu machen. Auf die neuen Bedingungen reagieren Christine Schallers Eltern mit dem Verkauf von Stauden und Gehölzen und bauen ein kleines, exklusives Gartencenter auf. Es ist die Zeit, als es noch wenig Containerpflanzen gibt. Die Gewächse werden zu den Hauptpflanzzeiten im Frühjahr und Herbst aus dem Einschlag gegraben und direkt aus Gärtnerhand an die Kunden verkauft. Das gefällt Christine. Leichten Herzens kann sie ihren Kindheitstraum aufgeben, Bäuerin zu werden. Sie beginnt eine Lehre in einer Göttinger Baumschule. »Als Gärtnerin wollte ich überall rund um die Welt arbeiten«, erzählt die begeisterungsfähige Unternehmerin. Wenn sie ihren Kunden heute sagt, in der ersten Planungsphase für den eigenen Garten darf alles an Wünschen auf den Tisch, schwingt darin ein Stück dieser kreativen Kraft mit.

Tatsächlich soll Christine Schaller mit dem Gesellenbrief in der Tasche auf einer Schaffarm mit Apfelplantage in Neuseeland stehen und gegen Kost und Logis den halben Tag auf der organisch bewirtschafteten Farm arbeiten. »Ein Arbeitsvisum war damals schwer zu bekommen«, erinnert sich die Unternehmungslustige. Das Programm »Work and Travel« bot die Möglichkeit, Auslandserfahrung durch »Arbeiten und Reisen« zu sammeln. An die Tätigkeit in Neuseeland und die Erkundung des Landes hängt sie Australien dran. Die Finanzierung für die Kombination aus Alltag und Freizeit hat sie in der Schweiz klar gemacht: »Mit meiner ersten Vollzeitstelle in einer Baumschule konnte ich schnell genügend Geld verdienen.«

Ganz anders sieht es zu Hause aus. Kleine Baumschulen haben in Deutschland keine Zukunft mehr. »Dann baue ich eben Gärten«, sagt sich die unverzagte Firmenerbin. Nachdem klar wird, dass ihre Schwester den Familienbetrieb nicht übernimmt, sucht sie nach neuen Wegen, das Gartenerbe

Vorherige Doppelseite: Die Staudenrabatten präsentieren sich in englischer Manier dicht und üppig. Der Rasenweg zwischen dem geschwungenen Doppelborder wirkt beruhigend. Als spiegelnder Blickfang sind zwei Kugeln auf dem grünen Teppich platziert.

fortzusetzen. Noch aus Down Under bewirbt sie sich für ein Praktikum in einem Kölner Architekturbüro und schreibt sich zum Studium in Erfurt ein. Es ist die Zeit der Wende. Die Gärtnerstadt ist in der Fachrichtung Landschaftsarchitektur gut aufgestellt. »Das Käferzählen«, wie der ökologische Zweig des Studiums von den architektonisch ausgerichteten Landespflegern spöttelnd genannt wird, »war für mich keine Option«, sagt Christine Schaller. Planung gefällt ihr von Anfang an am besten. Mit ihrem damaligen Freund, heutigen Mann und Geschäftspartner geht es schon während des Studiums auf Gartenreisen nach England und in die Toskana. Einen bleibenden Eindruck hinterlassen die englischen Meisterwerke aus der Zusammenarbeit von Gertrude Jekyll und Edwin Lutyens. »Diese Kombination aus Architektur und Pflanze finde ich immer noch fantastisch«, begeistert sich die Ingenieurin mit einem Faible für den englischen Landhausgarten.

In ihrem eigenen Garten- und Landschaftsbetrieb muss sie allen neuen Strömungen gegenüber aufgeschlossen sein. Als die Feng-Shui-Welle aus Asien nach Europa schwappt, lässt sie sich zur Feng-Shui-Beraterin ausbilden. Sie will professionell mitreden können, und merkt, dass sich die »Lehre zur harmonischen Gestaltung von Lebensräumen mithilfe von Farben, Formen und Materialien, die sehr individuell eingesetzt werden«, nicht grundlegend von unseren Prinzipien für gutes Gestalten unterscheidet. Im Gegenteil: Oft sind es einfach nur andere Begriffe für den gleichen Sachverhalt. So sprechen die Chinesen vom »Chi«. Christine Schaller sagt: »Worauf die Aufmerksamkeit in einem Garten fällt, da fließt die ›Lebensenergie‹«. Jede Pflanze und jeder Stein wirkt in der jahrtausendealten Lehre als »Energiepunkt«. Gleichermaßen werden sie im westlichen Garten als anregend und wohltuend oder störend empfunden. Sie bietet westliches Feng-Shui mit der gleichen Selbstverständlichkeit an wie den Cottage Garden sowie Patio und Atrium. In der Gartengestaltung vermischen sich die Stile. Wichtig bleibt für Christine Schaller die Maxime: »Wir sind am Puls der Zeit.« Für den zeitgemäßen Garten geht sie aktiv auf Suche nach trendigen Elementen. Ganz nebenbei ist die Gartengestalterin so zum Trendscout geworden. Aber ihre große Leidenschaft bleibt ein »sehr blumiger Garten mit üppiger Bepflanzung«.

Christines Geheimnisse

WAS VERRATEN SIE DEM DESIGNFREUND?
Wer Kiesflächen einbaut, hat mehr von »Vielvölkergemischen«. Auf einfarbigen Kies- und Schottersorten sieht man jedes angeflogene Krümelchen und Blättchen. Das ist gar nicht pflegeleicht. Viel unempfindlicher sind farbigere Steinchen wie Rhein- oder andere Flusskiesel.

WAS EMPFEHLEN SIE DEM GENIESSER?
Große Vielfalt vor allem in der Staudenverwendung sorgt für eine farbenfrohe, formenreiche Atmosphäre. Aber nicht nur ein Exemplar von jeder Art setzen, lieber ein ganzes Dutzend, dann wird's auch pflegeleichter.

WAS IST IHR GEHEIMTIPP FÜR ÄSTHETEN?
Eingewachsene Solitärgehölze im Beet wie Blüten-Hartriegel 'Satomi' aufasten. Dadurch wird das Beet wieder in seiner ganzen Tiefe sichtbar und macht den Unterschied zu Heckengehölzen, die wie Legehennen im Beet liegen.

UND FÜR DEN NATURMENSCHEN?
Ein Wildbienenhotel lockt nicht nur nützliche Bestäuber an, sondern variiert auch das Gartenniveau. Höhen und Tiefen in der Fläche tun jedem Garten gut.

Christines Gestaltungsprinzipien – modern, ästhetisch, genussvoll, natürlich

Die schönsten Gärten entstehen und bleiben schön, wenn sich die Besitzer damit identifizieren, weiß Christine Schaller. Deshalb bilden ihre Werke eine ganze Bandbreite an Stilen ab. Die Garten- und Landschaftsarchitektin versteht es, auf das Bedürfnis nach einer neuen Schlichtheit einzugehen. Sie schafft es, dass sich der Gartenbesitzer als Teil in seiner eigenen Natur empfindet. Ein solches Refugium setzt die Wünsche nach einem wohnlichen, repräsentativen Garten um oder reagiert auf die Vorstellungen vom ästhetischen Kleinod. Designfreund, Naturmensch, Genießer, Ästhet – so heißen die vier Kategorien, auf die sich jeder Gartenbesitzer abklopfen kann. Die meisten Gartenfreunde haben von allem etwas in sich – aber das zu unterschiedlichen Anteilen. Zum Gartentypen-Test kam Christine Schaller als Mitglied bei den Gärtnern von Eden. Der genossenschaftliche Verband von Garten- und Landschaftsbaubetrieben ließ die vier Kategorien in Zusammenarbeit mit einer Psychologin entwickeln, um die Beratung zu erleichtern.

In einer Gartenwelt, die aus Jahrhunderten schöpft, ist Geschmack sehr individuell geworden und unterliegt nicht selten dem Zeitgeist. Persönlich favorisiert Christine Schaller den englischen Landhaus-Stil mit Cottage-Garten-Flair. In den Beeten darf es üppig sein. Nah am Haus bleibt es formal. Weiter weg lösen sich die Formen auf und gehen in eine parkähnliche Landschaft über. Die Erklärung ist einleuchtend: Im und am Haus halten wir uns am häufigsten auf. Sich hier Mühe zu geben, lohnt sich. Je weiter sich der Garten vom Haus entfernt, umso naturnäher präsentiert er sich. Das macht schlichtweg weniger Arbeit. Es verdeutlicht aber auch, dass der Garten ursprünglich ein aus der Natur genommener Raum ist, der weiterhin in Verbindung mit ihr steht.

Das Verhältnis von Vegetation und baulichen Elementen gehört zu den Dreh- und Angelpunkten im Garten. Wo Christine Schaller nach eigenem Gusto gestalten kann, schlägt das Vorbild Hestercombe durch. Es ist ihr Lieblingsgarten aus der Kooperation von Englands Garden Queen der malerischen Pflanzenverwendung Gertrude Jekyll und dem Architekten Edwin Lutyens. Der wohnliche Stil des Herrensitzes entspricht ihrer Vorstellung von der Funktionalität eines Gartens. Christine Schaller erklärt ihn mit der Architektur und den bildschönen Proportionen. Gartengröße und Haus passen zueinander. Die Tiefe der Landschaft spielt eine Rolle. Die Dimensionen sind auf die Nutzung abgestimmt. In ihren eigenen Entwürfen gelingt ihr die ästhetische Ausgewogenheit in gleicher Manier. Eine große Terrasse findet in einem Familiengarten Platz, oder dort, wo häufig Gesellschaften zusammenkommen. In einem kleinen Haushalt sorgt ein überschaubarer Sitzplatz für Gemütlichkeit. Wo die Umgebung es zulässt, wird sie mit einbezogen. Dann ist der Gartenausgang mit einem Heckenbogen von Hainbuche als Ausblick gerahmt. Wenn heute alles schnörkelloser ist und weniger Wert auf Kunsthandwerk gelegt wird als zu Zeiten des Arts and Crafts Movement, behalten ausgesuchte Materialien für Christine Schaller dennoch ihre Berechtigung. Sie tragen entscheidend zur Atmosphäre eines Gartens bei. So veredelt ein viktorianisches Glashaus einen Gartenraum. Eine Patchwork-Pflasterung schafft ein künstlerisches Ambiente.

Zur Erlebniswelt Garten sind seither viele Elemente dazugekommen. Lichtpunkte und Gartenleuchten sind ein Gebiet, das sich die Planerin gern zunutze macht, um den Garten wortwörtlich in ein anderes Licht zu tauchen. Für eine gelungene Inszenierung braucht es Erfahrung. Das fängt beim intelligent geplanten Stromanschluss an. Reicht er weiter als direkt ums Haus, hält er alle Möglichkeiten offen, neue Szenen im Garten zu erschließen. In einem tiefer liegenden Grundstück kann es toll aussehen, wenn ein Beet im hinteren Bereich abends illuminiert wird. Weiter geht es mit gestalterischen Details: Pflanzen müssen mit einer ganz anderen Lichttemperatur ausgeleuchtet werden als Hauswände oder Gartenwege. Für gelungen hält Christine Schaller eine Komposition, unabhängig von der Stilrichtung, wenn es zu keiner Jahreszeit langweilig wird. Illuminationen im winterlichen Garten sind eine Möglichkeit dafür.

Christines elterlicher Garten

Hausgarten für den Genießer im englischen Landhausstil mit Cottage-Garten-Flair (Fotos Seiten 54–55, 60–61, 65)

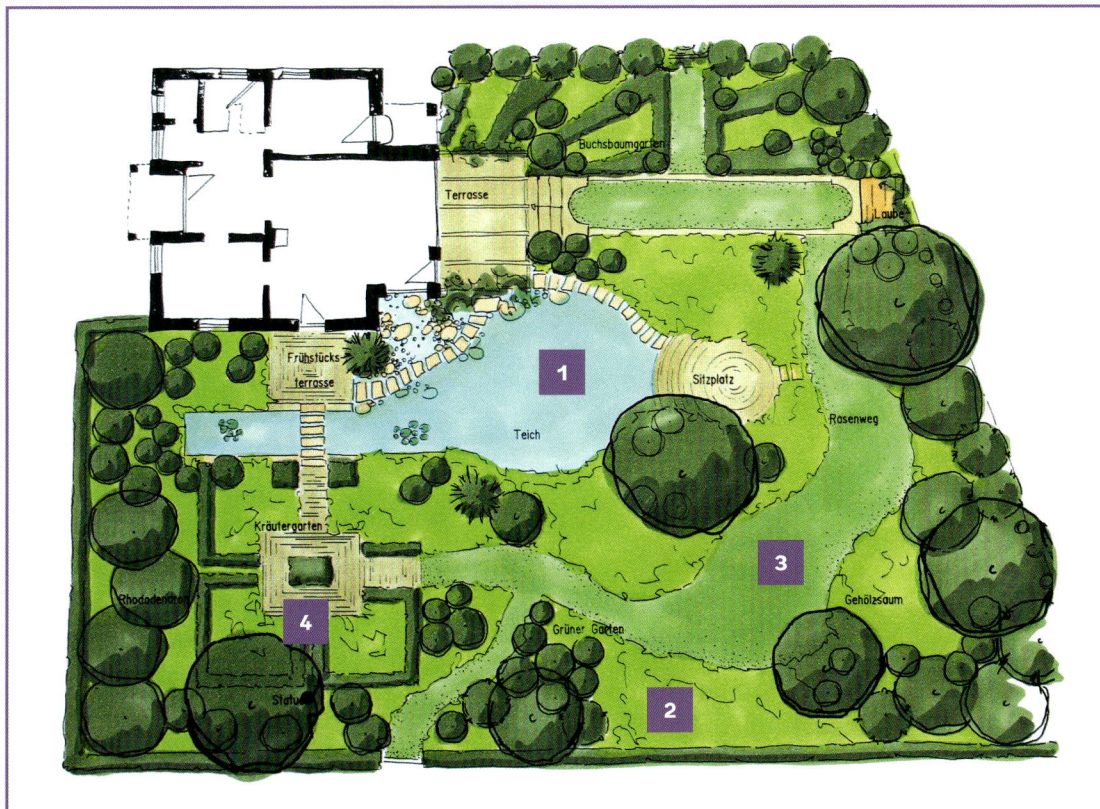

LEGENDE
1 Teich
2 Rabatten
3 Englischer Rasen
4 Kräutergarten

GRÖSSE
600 m²

BESONDERE KENNZEICHEN
* Üppig, expressive Blütenfülle mit großer Pflanzenvielfalt.
* Solitärgehölze als Bestimmer wie Blüten-Hartriegel 'Satomi'.
* Englischer Rasen als beruhigende Fläche zwischen den Beeten.

Mustergarten Zinsser Gärten »Bambusheckengarten«

Moderner Garten für den Gartentyp »Designfreund« (Foto Seite 62 unten)

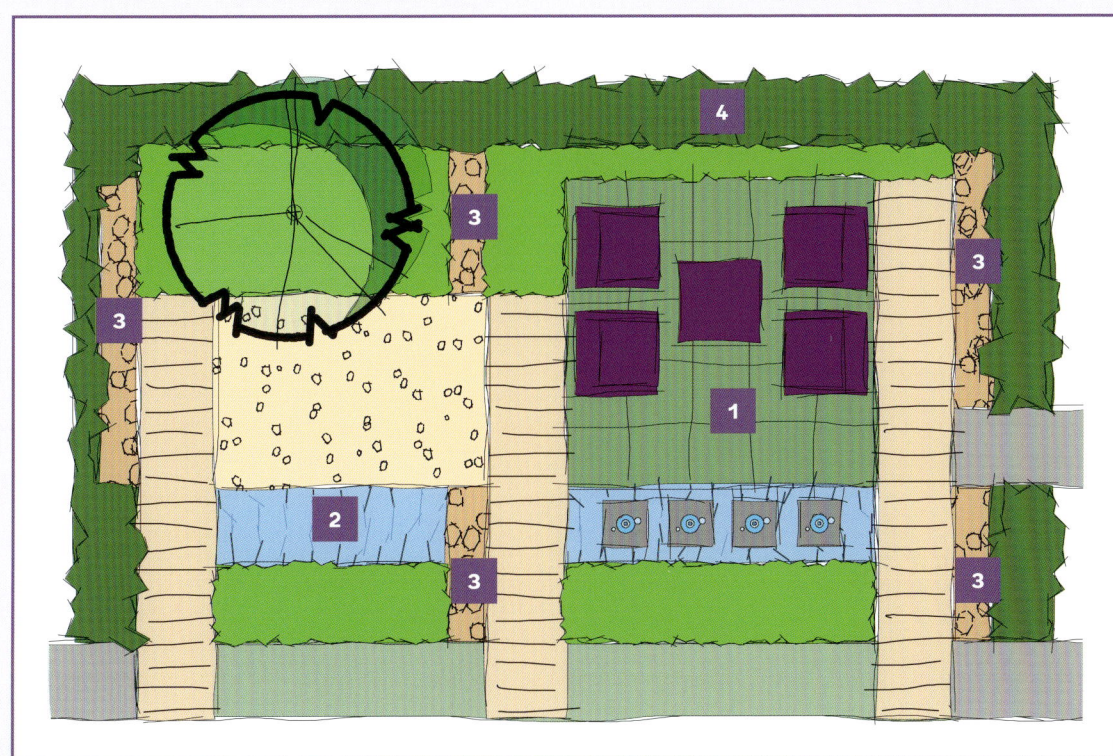

LEGENDE
1 Sitzplatz im Loungestil
2 Wasserkanal
3 Gabionen
4 Bambushecken

GRÖSSE
60 m²

BESONDERE KENNZEICHEN
* Gradlinige, rechtwinklige Flächen greifen ineinander.
* Moderne Materialien wie großformatige Platten, Kies und Gabionen.
* Zwei lange Wasserbecken beruhigen, davon eines mit vier quadratischen Quellsteinen.

Harmonielehre der vier Gartentypen

Christines elterlicher Garten

Links: Solitärgehölze wie der Blüten-Hartriegel 'Satomi' (Cornus kousa) werden als bestimmendes Element in einer Pflanzung eingesetzt. Er trumpft auf, wenn andere Gehölze bereits verblüht sind, und blüht von Anfang Juni bis Ende Juli. Ein zweiter Höhepunkt ist die leuchtend rote Blattfärbung im Herbst.

Links unten: Eine Sitzgruppe lässt sich auch auf der Rasenfläche platzieren. Für eine lauschige Atmosphäre sorgt das Blätterdach des Kastanienbaums (Aesculus hippocastanum).

Rechte Seite oben links: Der Teichrand ist pflanzlich eingefasst. Dadurch fügt er sich harmonisch in die Rabattenbepflanzung. Die offene Wasserfläche wirkt wie ein Himmelsspiegel und weitet den Garten dadurch optisch.

Rechte Seite oben rechts: Die überdachte Gartenbank vor dem englischen Rasenstück ist ein beliebtes Element aus englischen Gärten.

Rechte Seite unten links: Für den Torbogen sind die Hainbuchen bogenförmig gezogen worden. Ist die Kuppel einmal geschlossen, sorgt ein regelmäßiger Schnitt für dichten Wuchs.

Rechte Seite unten rechts: Große Vielfalt in der Pflanzenverwendung zeichnet den Genießergarten aus: Rosen, wie die duftende Strauchrose 'Mozart', Staudenwolken des Frauenmantels, Kerzenträger in Weiß mit der Prachtspiere und in Blau mit der niedrigen Salbeisorte 'Markus', herbstblühende Fetthenne 'Herbstfreude', Kräuter mit dem Parfümaroma von Lavendel oder würziger Note von Thymian.

Mustergärten im Schaugarten von Christines Gartengestaltungsfirma Zinsser Gärten

Oben: Licht hat nicht nur die Funktion, Wege und Plätze zur besseren Orientierung im Dunkeln zu beleuchten und Stolperfallen sichtbar zu machen. Die ästhetische Komponente lässt sich an angestrahlten Kugelplatanen ebenso festmachen wie am stimmungsvoll erleuchteten englischen Teehaus. Lieblingsplätze werden durch Beleuchtung hervorgehoben und strahlen warme Behaglichkeit aus.

Linke Seite oben links: Am Schwimmteich wird der Wasserschwall mit beginnender Dämmerung beleuchtet. Das setzt den Wasserfilm in Szene. Solche Lichtinstallationen ermöglichen zudem, den Garten bei Nacht aus dem Haus heraus zu betrachten.

Linke Seite oben rechts: Am Schwimmteich lädt eine wohltemperierte Beleuchtung bis in späte Abendstunden zum Genießen ein. Ein besonderer Effekt ergibt sich durch die Spiegelung im Wasser.

Linke Seite unten: Im Bambusheckengarten steht der Sitzbereich auf großformatigen Terrassenplatten an einem Wasserkanal mit vier quadratischen Quellsteinen, die beleuchtet werden können. Sitzbänke, die rechtwinklig in den Gartenraum führen, trennen ihn vom wohnlichen Loungebereich, ohne ihn von der Kiesfläche mit Feuerstelle abzukoppeln. Holz als verbindendes Material taucht am Boden und als Sitzfläche auf. Eine Holzrollschicht zieht sich auch an den Kopfseiten um die Gabionen herum. Die gestalterisch brillante Lösung macht das Sitzen bequemer.

»Der Garten muss zum Lebensstil passen.«

CHRISTINE SCHALLER IM GESPRÄCH

Sie sagen: »Weg mit der Schuhkarton-Gestaltung«. Was verstehen Sie darunter?
Als Schuhkarton-Gestaltung bezeichne ich den typischen Aufbau einer rechteckigen Terrasse mit umlaufendem Weg direkt an der Hausfassade, Rasen, Hecke – meist Lebensbaum – und einem Schotterbeet mit einer schwachen Alibi-Pflanze. Besser wäre es, einen Vorder-, Mittel- und Hintergrund zu gestalten. Die Wege dürfen optisch auch mal verschwinden. Die Bepflanzung zeigt den jahreszeitlichen Wechsel an. Der Garten endet interessant mit Aussichten, auf die sich der Blick richten kann. Im Feng-Shui wird das ganz groß geschrieben.

Sie sind geprüfte Feng-Shui-Beraterin. Wie gut passt die asiatische Harmonielehre in unsere westlichen Gärten?
Gutes Feng-Shui ist sehr bodenständig. Für mich ist die Lehre zur harmonischen Gestaltung von Lebensräumen nicht automatisch mit einem fernöstlichen Aussehen verbunden. Vielmehr geht es darum, sich im eigenen Garten wohl zu fühlen.

Wie gelingt das?
Indem ich mir die Frage stelle, ob ich den Platz als angenehm empfinde. Wenn ich mit meinen Kunden in ihrem Garten stehe, der umgestaltet werden soll, lasse ich sie »Sätze mit zu« bilden – hier ist es mir »zu schattig, zu steinig, zu langweilig« – dadurch spricht man aus, was im Ungleichgewicht ist.

Dort sind Yin und Yang gestört?
In der chinesischen Tradition stehen Yin und Yang für zwei gegensätzliche Pole, die sich gegenseitig ergänzen. Ein ausgewogenes Verhältnis von schattigen und sonnigen Bereichen, niedrigen und hohen Pflanzen oder geschwungenen und geometrischen Linien stellen dieses Gleichgewicht her. In englischen Gärten aus der Jekyll-Zeit zum Beispiel ist das hervorragend umgesetzt – die bildschönen Proportionen, die ausgewogene Mischung von Architektur und Pflanzen, toll. Im berühmten Garten Great Dixter mit seiner experimentellen Pflanzung hätte ich dagegen bei meinem ersten Besuch fast gesagt »räum erst mal auf und fang noch mal von vorn an« (lacht).

Helfen die »vier himmlischen Tiere« dabei?
Manchen Menschen hilft diese Symbolik. Von den klassischen Feng-Shui-Meistern wird die Umgebung eines Hauses mit Sinnbildern belegt: Die Rückseite beispielsweise mit der Schildkröte. Ihr Panzer hält den Rücken frei. Für den Gartenraum bedeutet das, die Rückseite eines Sitzplatzes muss geschützt liegen. In diesem Fall wäre der Rücken der Schildkröte das Wohnhaus, das den Sitzplatz nach hinten abschirmt. Auf der Vorderseite dagegen soll der Blick ungehindert schweifen können – symbolisiert durch den Vogel Phönix, der sich in die Luft erhebt und die Landschaft überschaut. An der linken Gartenseite bewacht der Drache das Haus. Rechts liegt der Tiger. Den Leuten geht mit solchen Bildern ein Licht auf.

Was sagt mir die Schlange, die in der Mitte eines Raums liegt?
Sie liegt ruhig auf offener Fläche, in der Sonne. Das bedeutet, in der Mitte sollte der Gartenraum frei, hell und offen sein. Sie können es auch mit einem Kinderzimmer vergleichen. Liegt alles mitten im Raum unordentlich herum, hat keiner mehr Lust, darin zu spielen. Im Garten macht es schon einen Unterschied, ob der Rasen gemäht ist oder nicht.

Der klassische Rasen in der Gartenmitte hat also seine Berechtigung?
Ja, wenn es in der Gartenmitte luftig und frei ist, hat man das Gefühl, atmen zu können. Der Raum hat Tiefe. Sträucher oder Bäume machen es in der Mitte schnell zu düster. Hier muss die Verbindung zum Himmel da sein.

Vom Tageslicht zum nächtlichen Garten: Ein anderes Ihrer Gestaltungsthemen im Garten ist Beleuchtung. Was kann Illumination?
Professionell eingesetzte Beleuchtung erschließt den Gartenraum anders als Tageslicht. Farben und Materialien treten anders zutage. Formen wirken besonders plastisch. Denken Sie an eine nächtlich illuminierte Stadt oder eine angestrahlte Burg. Genauso kann man im Garten eine stimmungsvolle Kulisse schaffen. Eine Art Licht-Theater.

Wie wird der Garten zur Bühne?
Sie können einen ganzen Gartenbereich in Szene setzen oder einzelne Pflanzen. Jeder Garten hat »Bestimmer«. Das kann ein auffälliges Gewächs sein oder ein architektonisches Element, das hervorsticht. Bei Tage fällt es vielleicht gar nicht auf. Aber illuminiert ist es ein Highlight.

Japanischer Blumen-Hartriegel 'Satomi' *(Cornus kousa)* bildet die Blütenleinwand für ein üppiges Staudenbeet mit Salbei 'Caradonna' *(Salvia nemorosa)* und Funkie 'June' *(Hosta*-Hybride).

Bärbel Stender

WOHNLICHKEIT DURCH RAUMGLIEDERUNG

Die Logikerin

Bärbel Stender kennt den Wunsch nach einem Garten als Wohn- und Freiraum aus eigener Erfahrung. Zur Gartenplanung kam die Betriebswirtin durch das eigene Einfamilienhaus mit Garten.

In Bärbel Stenders Elternhaus ist der Garten ein Wohnraum. Wann immer es geht, spielt sich das Familienleben draußen ab. Dass sich die Münsteranerin dem »Wohnen im Garten« aber einmal beruflich widmen wird, weiß zu diesem Zeitpunkt niemand. Am wenigsten rechnet die mathematisch Interessierte wohl selber damit. Bärbel Stender studiert Betriebswirtschaftslehre. Das Thema Garten »war gar nicht in meinem Kopf«, sagt sie rückblickend. Das soll sich mit der Familiengründung ändern. Die Diplom-Kauffrau bekommt drei Kinder und ein Einfamilienhaus mit Garten dazu. Sie entdeckt ihren Spaß an Pflanzen. Vor allem die Stauden haben es ihr angetan. Sie findet bis heute, dass die mehrjährigen Pflanzen im Rhythmus der Jahreszeiten zwar temporär Arbeit machen können – Salbei, der für eine zweite Blüte zurückgeschnitten wird, etwa –, doch eingewachsen sogar viel Mühe ersparen. Unkraut hat unter ihrer dichten Blätterdecke keine Chance. Deshalb setzt sie Stauden gern großflächig in ihrer Gartenplanung ein. Dabei wählt sie nicht »die Schönstmöglichen, sondern die am besten Geeigneten«. Sie orientiert sie sich an den Ergebnissen der Staudensichtung. Das ist effektiver, als sich »tagelang in Staudenkatalogen zu versenken«. Auch was die Stückzahl angeht, denkt die Ökonomin wirtschaftlich. Ganz abgesehen von niedrigeren Preisen bei höherer Menge spart das Wasser. Ist der Boden gut bedeckt, hält sich die Feuchtigkeit besser. Rein gestalterisch erzielt eine flächige Pflanzung Strukturwirkung. »Klar braucht man auch Gehölze«, weiß Bärbel Stender. Dazu fallen ihr die Worte der bekannten Staudengärtnerin Anja Maubach ein, wonach Gehölze oft die Grundstruktur bilden, während die Stauden das Individuelle und Lebendige verkörpern.

Das quirlige Leben im Haus hat sich indes individualisiert. Die Kinder sind aus dem Gröbsten raus. Der Diplom-Kauffrau bliebe wieder mehr Zeit für den Beruf. Doch sie braucht nur eins und eins zusammenzuzählen, um festzustellen, dass sie längst keine Betriebswirtschaftlerin mehr ist, sondern eine begeisterte Gartenfrau. Die über 40-Jährige beginnt an ihrem Wohnort Höxter Landespflege zu studieren. Im Praktikum macht sie die Bekanntschaft eines Gartenlandschaftsbauers. Für die Pragmatikerin wird die Planung im wirklichen Leben erfüllender als die Theorie im Studium. Bärbel Stender spart sich den Abschluss. 1995 gründet sie mit ihrem Studienkom-

Vorherige Doppelseite: Im landschaftsnahen Garten übernimmt ein Bachlauf gliedernde Funktion. Am Sitzplatz sorgt ein Wassersprudler für Unterhaltung. Sitzplätze sind an den Rand gesetzt und strukturieren das Gelände durch die verbindenden Wege. Dadurch wiederum ergeben sich großflächige Pflanzinseln.

pagnon die Firma Ambiente Gartengestaltung. Sie entwirft die Gärten. Er setzt sie um. Sieben Jahre später ergibt sich eine berufliche Veränderung bei ihrem Mann. Die Familie zieht zurück nach Münster. Ihr Firmenpartner bleibt in Höxter. Jetzt führt sie das Unternehmen als reines Planungsbüro allein weiter. Räumliche Gliederung ist das, was die Leute von ihr wollen.

Rückblende: Noch bis in die 1990er-Jahre ist der Garten ein offenes Repräsentationsobjekt. Über den Zaun unterhalten sich die Nachbarn. Auf dem Land ist es ein ungeschriebenes Gesetz, sich nicht abzuschotten. Doch dann wird der Freiraum als Wohnzimmer entdeckt. Bärbel Stender erlebt hautnah mit, wie sich die Funktionalität des Gartens wandelt: »Statt im Gasthaus sitzen die Leute jetzt im Garten.« Daraus ergibt sich ein völlig anderer Aufbau. Der Garten wird mit grünen Wänden und Höhenstaffelung intimer. Die Zunahme an Publikationen tut ihr Übriges. Im Freien werden Räume möglich, die ähnlichen Zwecken dienen wie die Zimmer eines Hauses. Doch vielen Laien fehlt der Sinn für die entsprechende Raumaufteilung. »Fünfundneunzig Prozent der Gartenbesitzer versorgten ihren Garten selbst«, rechnet Bärbel Stender vor. »Die Pflanzen hatten sie sich von Oma und Opa, den Eltern oder Nachbarn besorgt, später, was im Gartencenter gefiel. Jahrelang experimentieren sie mit den Gewächsen herum. Ein regelrechter Pflanzentourismus beginnt. Die Stauden wandern von einer Ecke in die andere, bis die frustrierten Gartenbesitzer feststellen, so funktioniert das Zusammenstellen nicht.« Bärbel Stenders großes Thema wird die räumliche Gliederung.

»Was würden Sie denn hier machen?«, wird sie oft von ihren Kunden gefragt. Dann denkt Bärbel Stender, der Garten ist ein sinniger Ort und hört ihre innere Stimme sagen, »spüre die Sonne und den Wind, rieche den Duft der Rosen, höre das Plätschern des Wassers, tue etwas für die Optik, und mit Kräutern auch etwas für den Geschmack«. Doch nicht ihre Wünsche stehen im Vordergrund, sondern das, wovon die Kunden träumen. Dabei entwickelt sie sich mehr und mehr zur Architektin, denn der Garten ist längst zur Verlängerung des Wohnhauses geworden.

Bärbels Geheimnisse

WIE VERGRÖSSERN SIE KLEINE GÄRTEN?
Ich lege Sitzplätze und andere Anlaufstellen in möglichst große Entfernung voneinander. Dadurch entsteht das Gefühl, dass es ein ganzes Stück braucht, bis wir ankommen. Die Größe des Gartens wird erlebbar. Dadurch erscheint er geräumiger.

WIE HALTEN SIE ES MIT DEM RASEN?
In kleinen Gärten lasse ich den Rasen weg. Viele Gartenbesitzer glauben, eine große Rasenfläche lasse kleine Gärten großzügiger erscheinen. Das Gegenteil ist der Fall. Wird der Rasen gegen Pflasterfläche gestellt, erscheint das Gesamtbild schnell monoton. Beschränke ich mich auf die zwei Gestaltungselemente Wege und Bepflanzung, steht mehr Fläche zur Verfügung.

WAS MEINEN SIE MIT FUNKTIONALER VERSCHÖNERUNG?
Die Pflanzung kommt in die Mitte. Dann bewegen wir uns außen herum und sehen von allen Seiten auf die Blumen. Rein praktisch hat das den Vorteil, dass die Stauden nicht mit Hecken um Nährstoffe und Wasser konkurrieren oder in deren Wurzelgeflecht kümmern.

Wohnlichkeit durch Raumgliederung

Bärbels Herangehensweise – Räumliches mit Pflanzen weichzeichnen

Die Frage des Stils kann erst einmal in den Hintergrund rücken, wenn die Suche nach den Orten, an denen wir uns draußen gern aufhalten würden, im Vordergrund steht. Das Konzept der Gartengestalterin Bärbel Stender folgt Grundsätzen, wie sie auch in der Betriebswirtschaftslehre vorkommen könnten. Angebot und Nachfrage, hieße das bei der Münsteranerin, die BWL studiert hat. Denn als Erstes sucht sie in einem Garten nach möglichen Sitzplätzen. Drei sind es in jedem Fall. Das ergibt sich aus gängigen Faktoren. Menschen sind berufstätig. Die Zeiten, zu denen sie einen Sitzplatz aufsuchen, liegen in den Morgen- und Abendstunden. Potenzielle Plätze ergeben nur dort Sinn, wo die ersten und letzten Sonnenstrahlen hinfallen. Obligatorisch ist die Terrasse am Haus. Meist führt die Terrassentür direkt vom Wohnzimmer auf den Sitzplatz. Wo immer möglich, ist das Wohnzimmer nach Süden ausgerichtet. Im Sommer wird es hier über Mittag schnell heiß. Nun stellt sich ein Problem, das schon fast an eine Textaufgabe erinnert: Was tun die Gartenbesitzer, um hier trotzdem gemütlich sitzen zu können? Eine verbreitete Variante sind hierfür Markisen. Dagegen sprechen für Bärbel Stender gleich drei Argumente: Die Luft unter einer Markise kann sich gewaltig aufheizen. Der Effekt kehrt sich ins Gegenteil. Anstatt sich vor der Sonne abzuschirmen, steigen die Temperaturen. Zum Zweiten ist eine Markise windanfällig. In Gegenden wie dem Münsterland, wo ein Großteil von Bärbel Stenders Gärten liegt, ist sie häufig nicht einsetzbar. Drittens verändert die Konstruktion die Architektur des Hauses – und das meist zum Negativen, wie die Gestalterin findet. Sie bietet eine bessere Lösung an. Gesucht wird eine andere Stelle im Garten, die als Schattenplatz konzipiert werden kann.

Durch die Verortung der Sitzplätze ergibt sich eine erste Gliederung des Terrains. Die Aufenthaltsflächen müssen miteinander verbunden werden. Dazwischen entstehen Pflanzinseln. Am Beispiel des Landschaftsgartens, den Bärbel Stender für ein Ehepaar geplant hat, lässt sich die Herangehensweise nachvollziehbar erläutern. Er ist auf einer großen Obstwiese mit dem Wunsch der Auftraggeber entstanden, Freiraum zum Erleben und Ausruhen zu schaffen. Die Sitzplätze legte Bärbel Stender jeweils an den Rand des Grundstücks. Befinden sich Anlaufstellen in größtmöglicher Entfernung voneinander, wird die Größe des Gartens erlebbar. Der Schattenplatz bot sich an dem Ende des Gartens an, wo ein alter Baumbestand bereits natürlichen Schatten wirft. Im Ansatz pragmatisch, erfolgte die Ausgestaltung des Platzes nach ästhetischen Gesichtspunkten. Für eine Logikerin wie Bärbel Stender ist die Gleichung einfach aufzulösen. Soll aus einem Sitzplatz x mit den Materialien y ein heimeliger Schattenplatz werden, sieht sie einen Pavillon aus Holz vor, der von Kletterrose 'Ghislaine de Féligonde' und Glyzinien berankt wird. Die Auswahl des Mobiliars für Sitzplätze überlässt sie den Gartenbesitzern. Ihre Aufgabe ist es, die wohnlichen Flächen in ihrer gliedernden Struktur einzurichten.

Dabei hat sie ihre Formel für einen wohnlichen Garten gefunden: Ausgedehnte, ruhige Pflasterflächen plus weichzeichnende, emotionale Pflanzungen ergeben einen Raum, der zum Entdecken und Ausruhen gleichermaßen einlädt. Entgegen einer landläufigen Meinung plädiert Bärbel Stender dafür, gepflasterte Flächen großzügig einzusetzen: Gepflasterte und plattierte Flächen sind die eigentlichen Wohnflächen im Garten. Ihr natürliches Gegengewicht bilden intensive Bepflanzungen. Viele Pflanzen haben jedoch Wegelagerer-Tendenzen und verengen Wege. Im eigenen Garten kann sie diesem Dschungelgefühl durchaus etwas abgewinnen. Für Kundengärten hat sie daraus den Schluss gezogen, dass Wege oft breiter sein können, als die übliche Maßeinheit von rund einem Meter Breite.

In kleinen Gärten bis zu einer Größe von 300 Quadratmetern verzichtet Bärbel Stender daher ganz auf Rasen. Weitläufigkeit drückt sich dann in der Großzügigkeit der Bewegungsflächen aus. Indem Gartenbesitzer die Verbindungsstrecken zwischen ihren Sitzplätzen ablaufen, erschließen sie sich den Garten und erleben ihn als groß. Das klingt logisch, und ist es auch.

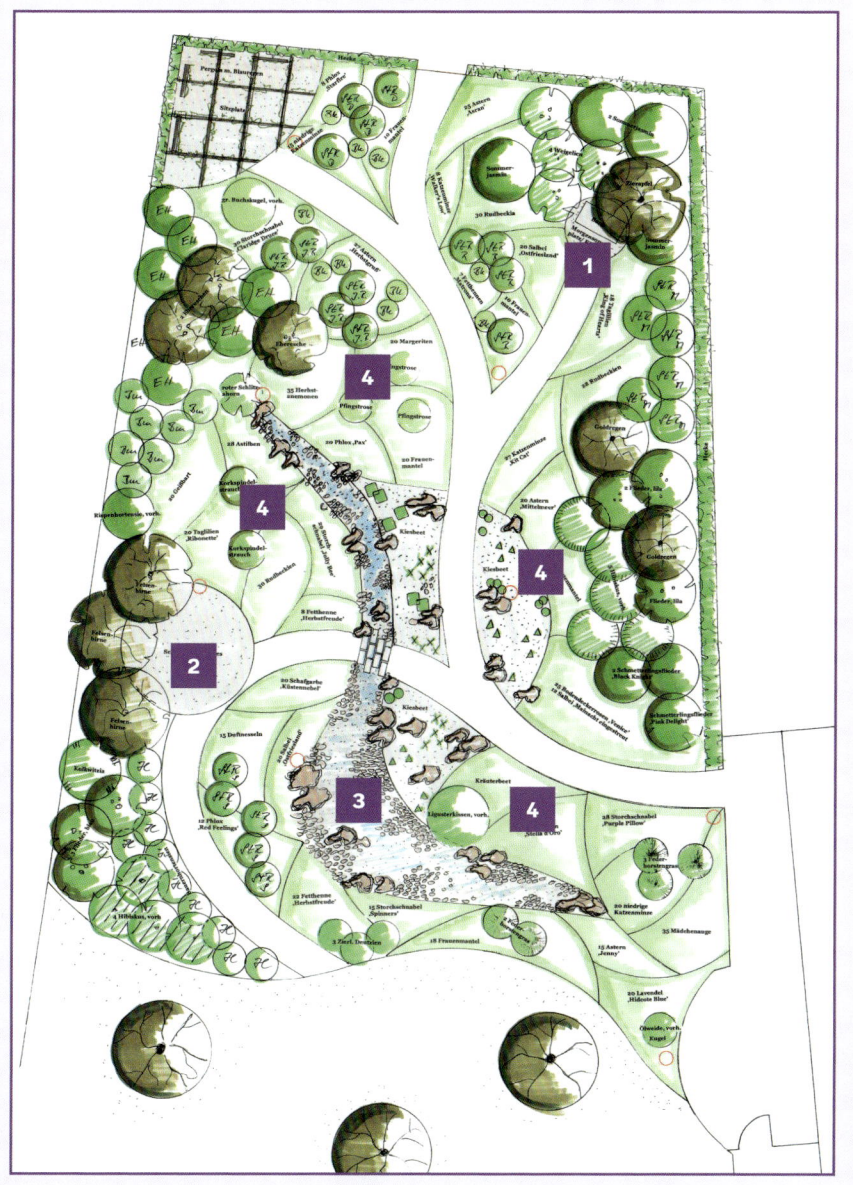

Privatgarten auf einer ehemaligen Obstwiese im landschaftsnahen Stil

(Fotos Seiten 66–67, 72, 75)

LEGENDE
1 Laube
2 Sitzplatz am Wasser
3 Wasserlauf
4 Pflanzinseln

GRÖSSE
800 m²

BESONDERE KENNZEICHEN
* Geschwungene Wege verbinden mehrere Sitzplätze.
* Durch die Laube bekommt der große Garten einen kleinen Raum.
* Der Bachlauf erschließt und gliedert das Terrain gleichermaßen.

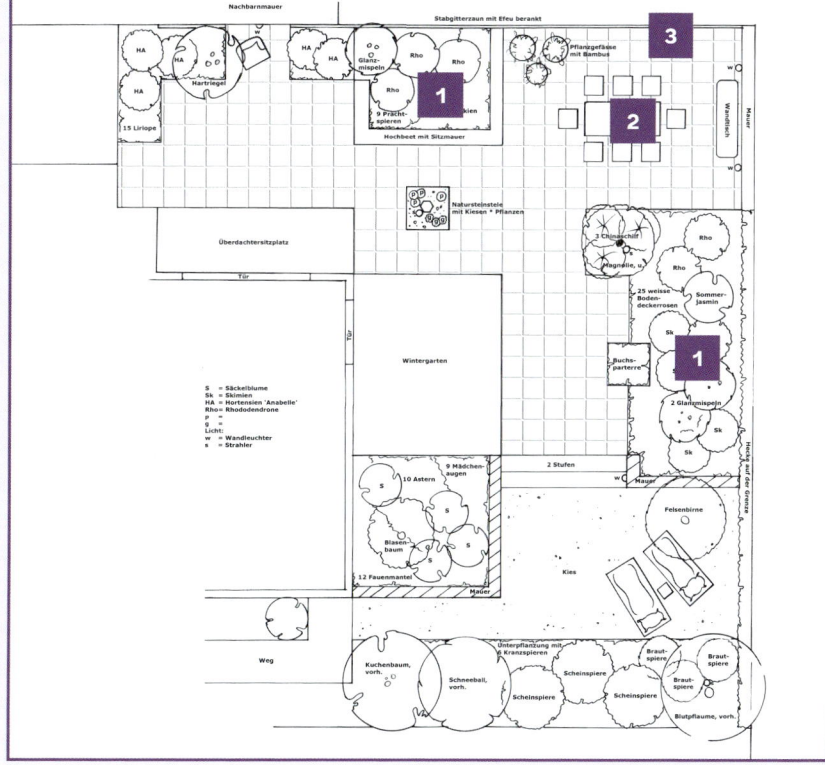

Privatgarten im städtischen Umfeld als Wohnzimmer im Grünen

(Foto Seite 73)

LEGENDE
1 Hochbeete
2 Sitzplatz
3 Mauerscheiben

GRÖSSE
22 m²

BESONDERE KENNZEICHEN
* Mauerscheiben und Heckenelemente wechseln sich ab.
* Erhöhte Pflanzbeete ermöglichen Pflanzfläche auf gepflastertem Terrain.

Wohnlichkeit durch Raumgliederung

Privatgarten auf einer ehemaligen Obstwiese im landschaftsnahen Stil

(Fotos linke Seite)

Linke Seite oben: Gartenobjekte am Ende einer Sichtachse platziert, werden zum Hingucker. Strauchrose 'Münsterland' und Sommerjasmin *(Philadelphus coronarius)* leiten den Blick auf das vom Gartenbesitzer in einem Bildhauerkurs angefertigte Schneckenhaus.

Linke Seite unten links: Die von Glyzinien und Kletterrose 'Ghislaine de Féligonde' berankte Laube, ist auf der Rückseite mit halbhohen Hecken begrenzt. Solche grünen Wände haben ebenso wie niedrige Mauern oder abgesenkte Plätze eine stark raumbildende Wirkung. Frauenmantel *(Alchemilla mollis)* legt seine Blütenwolken über Wegekanten und zeichnet sie weich. Salbei *(Salvia nemorosa* 'Markus') wächst kompakt. Beide blühen nach einem Rückschnitt des ersten Flors etwas schwächer ein zweites Mal.

Linke Seite unten rechts: Gartentore wirken romantischer, wenn sie mit Kletterrosen 'Super Dorothy' eingerahmt werden.

Privatgarten im städtischen Umfeld als Wohnzimmer im Grünen

(Foto oben)

Oben: Mit dem Wunsch, draußen eine Fortführung von drinnen zu haben, entstand das »Wohnzimmer im Freien«. An der Längsseite wechseln sich Mauerscheiben und Formschnitt-Eiben ab. Das Grün bricht die Härte auf und zeigt, »wir befinden uns draußen«. Ein Hochbeet bietet Pflanzfläche und unterstreicht gleichzeitig die Wohnzimmeratmosphäre. So wie man ein Sideboard im Innenraum hat, bringt das Objekt aus Betonfertigelementen Kontur in das Gartenzimmer. Helle Platten erinnern nicht nur an Bodenbeläge im Haus. Sie reflektieren Helligkeit bis ins Wohnzimmer. Das ist an dunklen Wintertagen besonders angenehm.

»Alles hat seinen logischen Platz in einem durchdachten Garten.«

BÄRBEL STENDER IM GESPRÄCH

Wozu ist ein Garten da?
Um sich darin aufzuhalten und zu bewegen. Die Leute suchen Wohnlichkeit und nicht nur etwas zum Anschauen.

Wie wird der Garten als Wohnraum geplant?
Sie können ähnlich wie beim Hausbau vorgehen. Als Erstes überlegen Sie, welche Räume benötigt werden.

Esszimmer, Wohnzimmer, Küche und Bad gibt es auch im Grünen?
Das Esszimmer ist meist der geschützte Terrassenplatz nahe der Küche mit Tisch und bequemen Stühlen. Neben wohnzimmerähnlichen Terrassen und Sitzplätzen kann jeder gemütliche Aufenthaltsort im Garten zum Wohnzimmer werden. Outdoor-Küchen sind keine Seltenheit mehr. Ein Schwimmbad mit Sauna wäre schon ein Luxusbad. Aber Wasserstellen finden Sie in den unterschiedlichsten Varianten im Garten. Dann gibt es, wie im Haus, Abstellräume, die irgendwo untergebracht werden müssen.

Wie ordnen Sie das Ganze an?
Ich frage mich, wo ich was vernünftig platzieren kann. Gartenhäuschen und Mülltonne beispielsweise brauchen einen Platz. Weil ich sie unschön finde, verstecke ich sie. Umgekehrt funktioniert es für mich nicht. Wenn ich mir erst ausdenke, wie die Fläche aussehen soll und dann muss da irgendwo noch eine hässliche Hütte rein, wird es schwierig. (Überlegt) Da stelle ich die Logik über die Ästhetik.

Ist das beim Element Wasser, das Sie gern in Ihrer Gestaltung verwenden, anders?
Erst einmal hat Wasser eine gliedernde Funktion für mich. Ein Wasserlauf strukturiert auf lebendige Art. Aber Wasserflächen mit aufwendigen Pump- und Reinigungssystemen sind immer weniger gefragt. Teiche verschwinden. Trotzdem wollen die Leute Wasser im Garten, weil es die verschiedenen Sinne anspricht.

Welche Möglichkeiten gibt es?
Ein Quellstein oder -sprudler passt in den kleinsten Garten. So etwas ist schnell installiert. Das Quellobjekt kann je nach Geschmack vom durchbohrten Findling bis zur Edelstahlsäule reichen. Es stellt sich sofort ein Gefühl von Sommer ein. Das Plätschern beruhigt.

Manch einen stört es. Gibt es Alternativen?
Flache Wasserbecken: 2 mal 3 Meter ist eine gute Größe auch für kleinere Gärten. 30 bis 40 Zentimeter Tiefe reichen aus. Wenn Sie auf die spiegelnde Oberfläche gucken, können Sie nicht abschätzen, wie tief es ist. Die Wirkung ist die gleiche wie bei einem Pool. Der Himmel spiegelt sich darin. Sie können die Lichtreflektionen auf der Wasseroberfläche genießen. Deshalb steht so ein Becken am besten in der Nähe von Sitzplätzen oder dem Wohnzimmerfenster.

Wie werden solche Wasserbecken sauber gehalten?
Manche Gartenbesitzer installieren eine Filteranlage. Natürlich heizt sich das Wasser in der Sonne auf. Über Regengüsse erfolgt ein Nährstoffeintrag. Da es keine Pflanzen in solchen Wasserbecken gibt, kann sich die Wasserfläche nicht selber in der Waage halten. Je nach Wärme kippt es nach einigen Wochen. Viele Gartenbesitzer ziehen dann einfach den Stöpsel und erneuern das Wasser.

Gibt es weitere Möglichkeiten, Wasser im Garten einzusetzen?
Ich würde es gern in Form von Nebel einsetzen. Der feuchte Dunst ist ein faszinierendes Element. Er schafft eine Atmosphäre wie im Dschungel. Dem Kleinklima würde das guttun. Feuchtigkeitsliebende Pflanzungen könnten besser gedeihen.

Was war der verrückteste Garten, den Sie bisher angelegt haben?
Einmal kam eine Frau mit roter Haarmähne auf mich zu und meinte, sie wolle einen Pippi-Langstrumpf-Garten. Das fand ich eine prima Idee. Ich habe mich richtig gefreut, einen Garten zu planen, in dem sie tun und lassen kann, was sie will. Wir haben dann alles inszeniert, was skurril und ein bisschen frech ist – Pflanzen, die in Bratpfannen wachsen, die Zinkbütte zum Reinsteigen, in der einfach nur ein Schlauch hängt. So etwas muss nicht klassisch schön sein. Ein Garten kann auch gelungen sein, wenn ich mich darüber freue.

Dann ist der Garten also mehr als Wohnraum?
Es gibt einen schönen Spruch vom Schweizer Lebenskünstler Alfred Selacher, der lautet: »Paradiesgärtner pflanzen Heiterkeitsbäume, Freudensträucher, Lachobst und Tanzgemüse«. Für mich steht das genau dafür, was im Garten sein soll: Lebensqualität und Freude.

Zuverlässige Stauden wie Katzenminze *(Nepeta x faassenii)*, Frauenmantel *(Alchemilla mollis)* und Staudensalbei 'Ostfriesland' *(Salvia nemorosa)* bilden blau-lindgrüne Farbflächen. Spornblume 'Coccineus' *(Centranthus ruber)* tupft karminrot dazu.

Die Gehölzflüsterin

Pia Konrad fasziniert die Fähigkeit der Pflanzenwelt, Stimmungen zu schaffen. Zu Bäumen hat sie eine besondere Beziehung. Wie die Blätter sich im Wind bewegen und ein Licht- und Schattenspiel zaubern oder über ihre Farben und Formen eine fröhlich-befreiende oder beruhigend-entspannende Wirkung erzielen, beeinflusst ihren Weg als Gartengestalterin.

Das Gärtnern lernt die Pfälzerin von der Pike auf. Ihre Lehrzeit in der Baumschule bringt sie mit den unterschiedlichsten Charakteren an Bäumen, Sträuchern und auch Stauden in Kontakt. Im Verkauf begegnet sie Gartenbesitzern, deren Vorstellungen nicht weniger individuell sind. Und doch lassen sich die meisten vom ersten Eindruck blenden. »Wenn eine Ölweide *(Eleagnus × ebbingei)* neben einer Portugiesischen Lorbeerkirsche *(Prunus lusitanica)* zur Auswahl steht, sieht der südländische Immergrüne mit seinem glänzend dunkelgrünen Laub wie ein König aus und die eigenwillig, sparrige Graulaubige wie eine Dienstmagd«, erklärt die Baumschulerin. Die Käufer wählen den König. »Ich muss mir das Container-Etwas aber eingewachsen im Gartenumfeld vorstellen und in seiner Funktion sehen.« Die Ölweide wird im Alter ein breitbuschiger Strauch. Sie ist sehr viel frosthärter als die Portugiesische Lorbeerkirsche. Vor allem aber ist sie ein immergrüner Sichtschutz, der nicht dunkel abschirmt, sondern durch die Lichtreflexe des oberseits glänzend grünen und unterseits silbergrauen Laubes heiter wirkt.

Pia Konrad merkt, dass ihr das Thema Gartenplanung liegen könnte. Doch sie sattelt erst einmal eine Floristenlehre drauf. Ihr Lehrer für Stilkunde macht sie mit allen Epochen von der Romantik über die Gotik bis in die Moderne vertraut. Er fragt, was ein Gebäude oder Raum ausstrahlt, und wie sich der Blumenschmuck darauf abstimmen lässt. »Das hat mir geholfen, den Blick dafür zu schulen und ein Gefühl für Formen und Struktur zu entwickeln«, sagt die Gestalterin. Auch für den Aufbau einer Pflanzung wird sie grundlegende Gestaltungselemente aus der Floristik mitnehmen. Um ein Bukett binden Floristen eine Manschette aus beruhigendem Blattschmuck. Im Garten brauchen lebhafte Pflanzungen lagernde, ruhige Pflanzen. Als im Gartengestaltungsbetrieb, den sie mit ihrem ersten Ehemann aufbaut, Baumschule und Floristik hinzukommen, wird sie schnell zum Mädchen für alles: Einkauf, Verkauf, Kundenberatung, Neuanlage, Umgestaltung, Pflege von Gärten – alles haben die Konrads im Programm. Kommen die Leute mit dem Wunsch, den Garten neu anzulegen, »weil da mehr Gefühl rein muss«, fragen sie nach der Chefin. Suchen sie ein besonderes Gehölz, ist sie die Ansprechpartnerin. Meist sind es Kundinnen, die sagen, »ich gehe zu Frau Konrad, die

Vorherige Doppelseite: In der sonnigsten Ecke des Gartens ist der Feuerplatz angelegt. Eine selbst entworfene Stehle aus Acrylglas ist abends beleuchtbar. Schon wenn die Abendsonne durchscheint, wirkt sie wie glühender Stahl. Die Feuerschale steht sicher auf einer Fläche von Grauwackesplitt. Rund um den Feuerplatz geben Gehölze den Ton an, die mit dem Thema Feuer in Verbindung stehen: Ölweiden mit ihrem aschgrauen Laub, flammengleich bläulich züngelnder Raketenwacholder und Aralie, die aus heißen Steppen stammt.

findet das Richtige für mich«. 2002 muss Pia Konrad für sich selber das Richtige finden. Nach der Trennung von ihrem Mann stellt sich die Frage, ob sie etwas völlig Neues anfängt. Ernährung und Sport interessieren sie. Auf der anderen Seite stehen 20 Jahre Praxiserfahrung im grünen Bereich.

Sie entschließt sich, selbstständig Gärten zu planen. In der Gartengestaltung bildet sie sich fort. Die Intensivseminare hält ein Gestalter, der an der bekannten Gartenbau-Hochschule im bayrischen Weihenstephan lehrt. Soll sie sich immatrikulieren? »Während dieser Zeit traf ich viele Studenten, die Gartenarchitektur studierten«, erinnert sich die Gärtnerin. Die beneiden sie um ihr Wissen aus der Praxis. »Es gibt viele Dinge in der Gestaltung, die lernst du nicht in der Schule, die machst du nach Gefühl«, weiß Pia Konrad. Und ein Großteil ist Erfahrung. Der bodenständige Ansatz gibt den Ausschlag: »Ich hatte gesehen, dass es vor allem wohlsituierte Leute sind, die sich gute Entwürfe leisten konnten und sich ihren Garten von den Architekten planen ließen.« Pia Konrads Anliegen wird es, jedem die auf seine Bedürfnisse und seinen Geldbeutel zugeschnittene Oase zu ermöglichen. »Deswegen habe ich meine Planung vereinfacht«, sagt die Praktikerin. Das Beispiel einer Kundin, die sich in ihrem Garten nicht mehr wohlfühlt, zeigt, wie mit wenig viel erreicht werden kann: »Die Eibe muss weg«, ist der erste Impuls der Gartenbesitzerin, »sie erstickt mich sonst. Da pflanzen wir was anderes hin.« Doch Eiben in dieser Größe sind fast schon eine Wertanlage. Die Baumschulerin besieht sich das dunkle Gehölzungetüm von allen Seiten und schlussfolgert: »Wir lichten sie aus, dann bekommt sie eine ganz andere Ausstrahlung.« Aus dem düsteren Klotz wird eine bizarre Pflanzskulptur, wie sie jedem asiatischen Garten zur Ehre gereichen würde. Der Gartenraum wirkt wieder leicht und luftig. Er hat durch den vergleichsweise miminalen Eingriff gewonnen.

Die Sprache der Pflanzen in Gartenstimmungen zu übersetzen, wird der Schlüssel zu Pias Gartenplanung. »Tagtäglich aufs Neue faszinieren mich Blüten, die entzückend leuchten und betörend duften, oder Wuchsformen, die spannungsvolle Stimmungen ausdrücken«, steht auf ihrer Homepage.

Pias Geheimnisse

WIE LASSEN SIE EINEN GARTEN GROSS WIRKEN?

Ich schaffe verborgene Räume. Die Perspektive bleibt unklar. Ich sehe, dahinten ist noch was, aber ich sehe nicht was. Auch Spiegel helfen.

WAS TUN SIE, WENN DIE GROSSEN BÄUME DER NACHBARN DEN EIGENEN GARTEN VERKLEINERN?

Ich arbeite mit ihrer Größe und nicht dagegen. Wird der Riesen-Ahorn im Nachbargrundstück als Bestandteil des eigenen Gartens gesehen, verliert er seinen Schrecken als Schattenwerfer. Indem ich ihn in meine Gartengestaltung einbeziehe, erweitert seine Silhouette sogar den Raum.

WIE HALTEN SIE PFLANZEN GESUND?

Ich achte auf gute Bodenvorbereitung, hochwertige Pflanzerde und ausgewogene Ernährung von Anfang an. Wir essen auch nicht erst, wenn wir ausgehungert sind. Deshalb bekommen meine Pflanzen beim Setzen im Frühjahr und punktuell bei Bedarf rein pflanzlichen Universaldünger Maltaflor. Das fördert eine gute Wurzelbildung und stärkt die Zellwände. Meine Pflanzen wachsen nicht schnell, sondern gesund heran.

Im Einklang mit der Natur 79

Pias Überzeugung – Gartenräume für alle Gefühlslagen

»Mehr Mut zu Gefühlen« könnte über der Gartengestaltung von Pia Konrad stehen. Sie setzt Stimmungen erfinderisch um und bedient sich dabei der Wesensart entsprechender Pflanzen. Soll es fröhlich und belebend sein, wählt sie Pflanzen mit freundlicher Ausstrahlung. Weiche Konturen bieten sich an. Helle Blattfarben muntern auf. Silberlaubiges Blattwerk setzt Pia Konrad bewusst als Stimmungsaufheller ein. Das schimmernde Grau einer Ölweide beispielsweise *(Elaeagnus × ebbingei)* lässt den Blick vorbeigleiten. Das suggeriert Weite, obwohl die wintergrüne Art einen guten Sichtschutz bildet. Dunkelgrüne Gehölze wirken dagegen wie ein Stoppschild. Sie können das Mittel der Wahl sein, wenn Gartenecken beschützend abgegrenzt werden sollen.

Den Raum, in dem Menschen leben, zu markieren, ist eine der Grundvoraussetzungen der Gestaltung. Auf einer offenen Fläche würde sich niemand zu Hause fühlen. Im Haus bieten Mauern Schutz. Im Garten können Pflanzen diese Funktion übernehmen. Für Pia Konrad gehören Bäume zu den aussagekräftigsten Bestandteilen eines Gartens. Sie stellen gewissermaßen das Grundgerüst und erfüllen nicht nur tragende Funktion: Den immergrünen Bambus schätzt die Gestalterin wegen seiner angenehmen Sichtschutzeigenschaften. Er schirmt ab, ohne zu massiv zu wirken. Seine glänzend grüne Blätterfront hat ein schönes Licht- und Schattenspiel. Im Gegensatz zu starren, dunklen Eibenmauern lenkt seine Fröhlichkeit davon ab, was sich dahinter an Störendem verbergen könnte. So führt hinter Pia Konrads Privatgarten ein stark frequentierter Fahrradweg vorbei. Das Gräserrascheln überspielt die Geräuschkulisse. An anderer Stelle kann das Verspielt-Leichte fehl am Platz sein und eine klare Formensprache gewünscht werden. An der Straße hat Pia Konrad eine Eibe streng quadratisch zu einem Block geschnitten. Hier wollte sie bewusst ein dichtes Element. Sie steht neben einer Lichtsäule und zeigt, dass Pflanzen als Verbindungsstück zwischen Technik und Natur wie ein Baukörper eingesetzt werden können.

Priorität hat, was zur Situation passt, lautet die Gestaltungsmaxime von Pia Konrad. Dabei spielt das Umfeld eine entscheidende Rolle. Im oberen Bereich ist der Garten eher schlicht gehalten und auf den nüchternen Baustil des Hauses abgestimmt. Unterhalb der Terrasse beginnt der eigentliche Grünraum, der im Einklang mit der Natur steht. Eine Sichtachse ist bewusst zur schönsten Aussicht geleitet, wo der Garten in die Wiesenlandschaft um den Fluss Erft übergeht. Ein Großteil der anderen Perspektiven konzentriert sich auf den Garten selbst. Pia Konrad legt Sichtachsen lieber in die Mitte und lenkt den Blick damit auf den Raum, in dem wir uns geborgen fühlen. Dabei kann sich der Blick im Ungewissen verlieren. Welche Spannung daraus erwächst, zeigt die von drei Chinaschilf-Standpunkten verschleierte Blickachse.

Als ihr eigener Garten noch jung war, fehlte ihm die Spannung. Er fiel gegenüber den großen Nachbargärten mit ihren eingewachsenen Hecken und Bäumen optisch in ein Loch. Die »Luftleere« füllte die Gestalterin geschickt mit säulenförmigen Gehölzen. Sie betonen die Vertikale, der Blick wird nach oben gelenkt. Das baut Dreidimensionalität auf, ohne die Sicht zu behindern. Viele ihrer Kunden denken als Erstes an Zypressen. Die landschaftsprägenden Toskana-Säulen sind der Inbegriff eines malerisch strukturierten Geländes geworden. Doch Pia Konrad verwendet lieber Raketen-Wacholder *(Juniperus scopulorum* 'Skyrocket' und 'Blue Arrow'). Die straff aufrecht wachsenden Immergrünen sind bläulicher als das tief dunkel- bis graugrüne Pendant aus dem Mittelmeerraum, dafür aber zuverlässig winterhart. Es ist wie mit den Kopfweiden. Pia Konrad nennt sie »Oliven des Rheinlands« und setzt die robusten Gehölze als Strukturgeber ein. Alle wollen Olivenbäume haben. Im Grunde geht es jedoch nur um die Sehnsucht nach dem Gefühl, das sich an der Charakterpflanze mediterrane Lebensart festmachen lässt. Letztlich kommt es darauf an, herauszufinden, welche Stimmung an welchem Platz erlebt werden soll. Und in einem nächsten Schritt die passenden Pflanzen und Materialien zu finden.

Pias Privat- und Schaugarten

Wohnlicher Garten mit naturnah angelegten Teilen zur Landschaft hin

LEGENDE
1 Terrasse
2 Platz der Ruhe und Stille
3 Feuerplatz
4 Pflanzinseln

GRÖSSE
650 m²

BESONDERE KENNZEICHEN
* Nah am Haus ist der Garten nüchtern-schlicht angelegt.
* Im unteren Teil geht das Gelände in einen natürlicheren Stil über.
* Perspektiven bleiben durch organische Wegeführung und halbtransparente Bepflanzung unklar, was verborgene Räume zum Entdecken schafft.

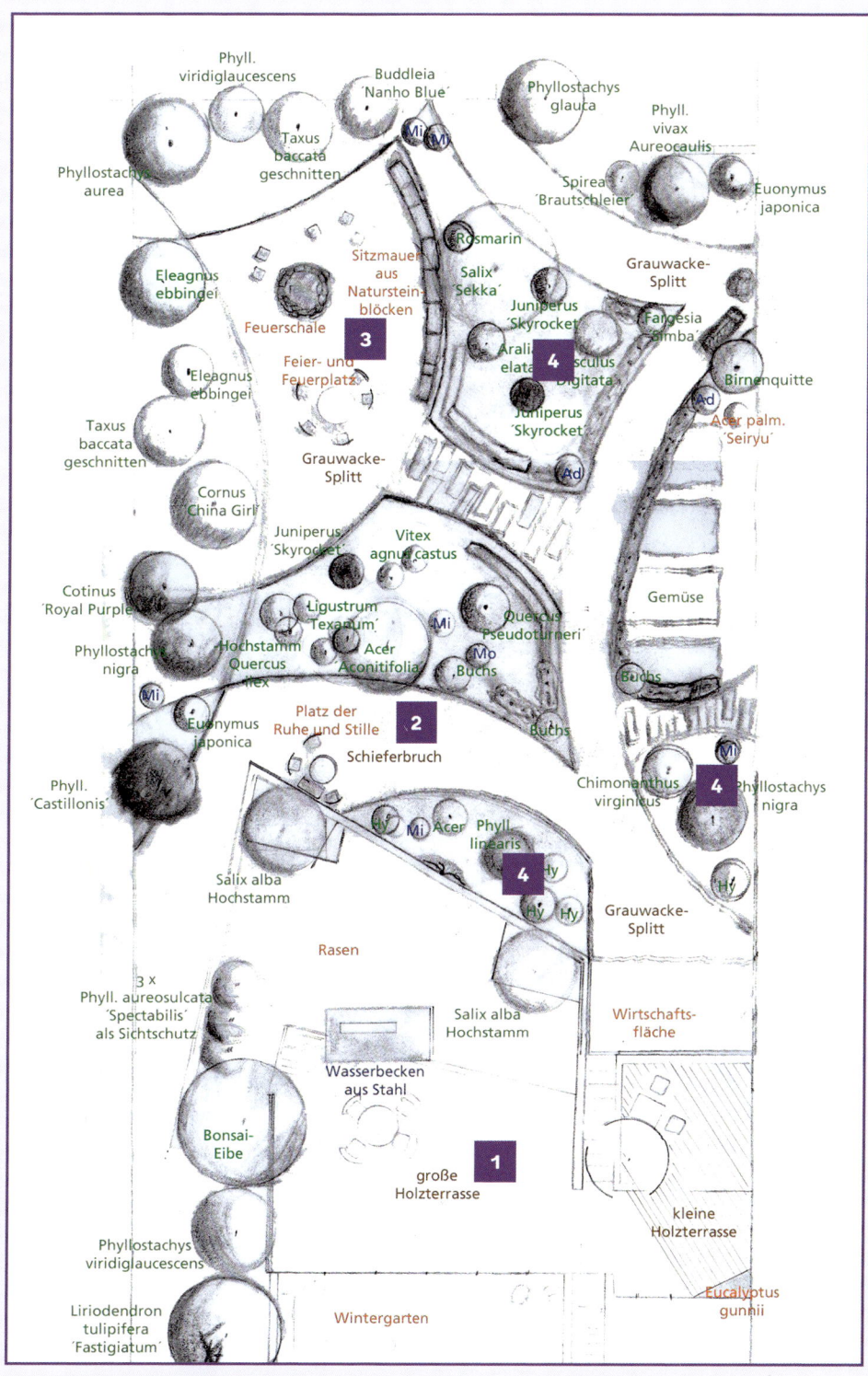

Im Einklang mit der Natur

Linke Seite oben links: Säulenformen wirken wie ein Stopper fürs Auge, ohne die Sicht zu behindern. Purpurglöckchen in Dunkelrot und Rosttönen leiten zur Hitzeecke über.

Linke Seite unten links: An der Terrasse hat Pia Konrad eine Eibe zu einer bizarren Form mit Pompons herausgearbeitet. Das exzellente Formschnittgehölz erfüllt an dieser Stelle die Funktion eines Kunstwerks. Die Schönheit der Äste wird sichtbar. Zur Stimmung an dem Ort passend wurden wetterfeste Gartenmöbel ausgesucht.

Linke Seite oben rechts: Ein Platz der Stille ist die Sitzgelegenheit auf dunklem Schieferbodenbelag.

Linke Seite unten rechts: Am Ende einer Sichtachse sollte immer etwas stehen. Umgekehrt wird der Blick wieder auf die Mitte des Gartens konzentriert, wenn der Betrachter auf dem Stuhl neben dem auffälligen Pflanzkübel sitzt.

Oben: Der Wasserschwall an der Terrasse ist Hingucker und Geräuschkulisse zugleich. Durch den linearen Fluss wirkt er beruhigender als ein Sprudler. Um ein harmonisches Rauschen zu erzeugen, darf er nicht zu hoch gebaut sein.

Oben: Chinaschilf Miscanthus sinensis entwickelt sich zu einem imposanten Akzentgeber, der eine Sichtachse geheimnisvoll verschleiern kann. Die Sorte 'Adagio' überzeugt durch ihren gradlinigen Wedelwurf und hält die Blütenfahnen den ganzen Winter über aufrecht.

Rechte Seite oben links: Eine Wasserschale aus Stahl spiegelt ihre Umgebung und dient Vögeln als Bade- und Trinkgelegenheit.

Rechte Seite unten links: Gegenüber des Ruheplatzes mit den Loungemöbeln (Seite 82) steht der Buddha-Kopf unter dem Blätterdach eines Japanischen Ahorns 'Aconitifolium' (Acer palmatum). Wintergrüne Purpurglöckchen 'Frosted Violet' (Heuchera-Hybride) mildern harte Kanten ganzjährig mit ihrem dekorativen Blattwerk.

Rechte Seite oben rechts: Stahlkanten aus Cortenstahl ermöglichen individuelle Beetzuschnitte. Der Wegbelag kann nicht in die Pflanzung wandern, die Erde nicht aus dem Beet.

Rechte Seiten unten rechts: Viele Ziergräser lassen sich wegen ihrer Anspruchslosigkeit und Trockenverträglichkeit hervorragend im Topf halten. In ansprechenden Gefäßen wie den »Long Toms« beleben sie statische Treppenaufgänge.

»Für jede Stimmung gibt es Pflanzen mit eigener Ausstrahlung.«

PIA KONRAD IM GESPRÄCH

Sie gestalten häufig kleine Gärten. Die gelten als schwierig. Was ist das Problem?
Leute mit kleinen Gärten meinen, sie können nur ein kleines Gartenbeet anlegen und nur eine kleine Wasserstelle. Sie denken immer klein und wundern sich, dass sie sich in ihrem Garten klein fühlen. Sie können aber auch in kleinen Gärten großzügig gestalten.

Was muss ich dazu tun?
Sie können den Blick gen Himmel leiten. Bäume in Säulenform eignen sich dazu besonders gut. Habe ich eine große Pflanze, begleite ich sie mit einer hohen Stückzahl kleinerer. Nehmen wir das Beispiel eines ausdrucksstarken Fächer-Ahorns. Dem lege ich mehrere Purpurglöckchen einer Sorte zu Füßen. Bei kleinen Pflanzen wirkt eine größere Stückzahl besser. Das kann sogar so weit gehen, dass ich in einem kleinen Garten lieber fünf kleine Lavendel dicht nebeneinander setze. Die wachsen schnell zusammen und wirken dann großzügiger als ein großer. Generell ist es besser, sich in kleinen Gärten für wenige Pflanzen zu entscheiden, aber diese zu wiederholen. Die Auswahl ist begrenzter, aber die Wirkung größer. In meinem eigenen Garten verbinde ich drei Beete durch eine Dreiergruppe von Raketen-Wacholdern. Das strahlt mehr Ruhe aus als drei verschiedene Gehölzarten, und wirkt dadurch großzügiger.

Was mache ich im Privatgarten, wenn mir Parkbäume gefallen, aber den Rahmen sprengen?
Von vielen Gehölzen gibt es Zwergformen: Zwerg-Ulme statt Ulme. Zwerg-Ginkgo anstelle des 20-Meter-Riesen. Kugel-Maulbeerbaum (*Morus alba* 'Nana') oder Kugel-Amberbaum (*Liquidambar styraciflua* 'Gumball') bleiben durch ihre Kronenform kompakter. Ich bin ein Riesenfan vom Tulpenbaum (*Liriodendron tulipifera*) und habe eine Säulenform im Garten, weil mir der Platz für die ausladende Ursprungsform fehlt. Seine sonderbaren Blätter rauschen nicht. Sie klappern. Die gelbe Herbstfärbung ist fantastisch. Die Blüte sieht wie eine apricot-grüne Tulpe aus. Um sie zu entdecken, muss ich hingehen. Das ist nicht wie bei der Magnolie, die kilometerweit zeigt, hey, ich blühe.

Wie wichtig ist die Gehölzblüte bei der Gestaltung?
Sie trägt für eine kurze Zeit entscheidend zur Stimmung bei. Im Vergleich machen Laubschmuck und Habitus aber sehr viel mehr aus.

Deswegen verwenden Sie gern Japanische Ahorne mit ihrem malerischen Wuchs und dem tollen Blattschmuck. Welche halten Sie für die Schönsten im Privatgarten?
Den Eisenhutblättrigen Japan-Ahorn (*Acer japonicum* 'Aconitifolium') und alle Fächer-Ahorne (*Acer palmatum*) mag ich besonders. Wenn mehr Platz ist, kommt der Zimt-Ahorn (*Acer griseum*) infrage. Seine mahagonifarbene Rinde rollt in papierdünnen Streifen vom Stamm und den Ästen ab. Nach der Herbstfärbung ist das ein toller Winteraspekt.

In Ihren Gärten finden sich Gehölze von japanisch anmutender Schnittform. Geht das mit jedem Immergrünen?
Es müssen Gehölze sein, die wie Eibe oder Wacholder ein gutes Regenerationsvermögen haben und auch aus dem alten Holz wieder ausschlagen. Thuja oder Zypresse machen das nicht mit. Unter den Laubgehölzen eignen sich Weiden sehr gut für den Schnitt.

Haben Sie ein anderes Beispiel als Kopf- und Harlekin-Weide?
Bei meiner hochgeschnittenen Drachenweide meint jeder, das sei ein Essigbaum. Durch die Schnittmaßnahmen baut sie sich von unten ebenso kahlastig auf und verzweigt sich nach oben, ohne die lästigen Ausläufer des wuchernden Essigbaums zu treiben.

Wie komme ich zu der gewünschten Form?
Bei der Drachenweide schneide ich alle Triebe ab, die an den unteren dicken Ästen wachsen. Bei anderen Gehölzen muss ich ganze Astpartien rausnehmen. Sie müssen ein Gefühl dafür entwickeln. Ich suche mir die Äste aus, die stehenbleiben und die, die wegkommen. Das braucht Muße. Alles muss in einem ausgewogenen Verhältnis zueinander stehen. Was einmal abgeschnitten ist, ist weg. Immer wieder trete ich einen Schritt zurück, betrachte den Baum und verfolge den Verlauf der Äste, bevor ich den nächsten Schnitt mache. Erstmals sieht das oft wie gerupft aus. Unsere Eibe brauchte drei Jahre, bis ich sie in ihrer malerischen Form hatte. Jetzt arbeite ich daran, die Pompons flacher zu schneiden.

An der Tellerhortensie ‘Libelle’ *(Hydrangea macrophylla)* sitzen die Randblüten wie Schmetterlinge um eine Blütendolde

Die Pflanzenkomponistin

Christine Orel ist einem breiten Publikum mit ihren vielbewunderten Pflanzungen auf Gartenschauen bekannt geworden. Mit Farbe und Formen geht die Landschaftsarchitektin virtuos um und schafft es, die Besonderheiten eines Ortes herauszuarbeiten.

Legt Christine Orel die Pflanzen in ihren Kompositionen aus, wirkt sie konzentriert und erfüllt. Für die Zeitspanne des schöpferischen Prozesses taucht sie in eine andere Welt ein. Was daraus entsteht, ähnelt dem Spiel eines Musikers, dessen Darbietung dem Publikum Sphären eröffnet, die ihm ohne den Künstler verborgen geblieben wären. Christine Orel als Anne-Sophie Mutter der Gartenwelt zu bezeichnen, käme der Virtuosität ihrer Pflanzengestaltung daher sehr nahe.

Die Parallelen zur Musik sind augenscheinlich. Schon als Kind hegt die Tochter eines Architektenpaars eine besondere Liebe zur Welt der Noten. Ihre Finger flitzen über Klaviertasten. Als leidenschaftliche Sängerin wirkt sie in verschiedenen Chören mit. Bei so viel Begeisterung steht für die exzellente Schülerin fest, dass sie Musik studieren will. Die Eltern dagegen wollen sie davor bewahren, einen Beruf zu ergreifen, »von dem man nicht leben kann«. Dabei beweist sie bereits als 15-Jährige bei ihrem ersten Ferienjob, dass es ihr um andere Werte als materiellen Reichtum geht. Sie hilft in der Staudengärtnerei Schöllkopf mit, die für ihr ausgewähltes Pflanzensortiment bekannt ist. »Wer bei Bosch arbeitete, verdiente dreimal so viel«, erinnert sich die gebürtige Baden-Württembergerin. Pflanzen begeistern sie. Doch mehr noch als die einzelnen Gewächse faszinieren sie die Möglichkeiten ihrer Zusammenstellung. »Mir ging es ums Gestalten«, resümiert sie rückblickend.

Nachdem sie Musik nicht studieren darf und Architektur nicht studieren will, stößt sie auf die Landespflege. Das in den 1980er-Jahren neue Studienfach an der renommierten Fachhochschule Weihenstephan im bayrischen Freising, kombiniert Gestaltung und Ökologie. Ihr Professor, Peter Kiermaier, fördert sie. Seine Expertise in Sachen Farbgestaltung ist stark von englischen Vorbildern geprägt und fällt bei der Frau mit dem besonderen Farbempfinden auf fruchtbaren Boden. Das im Weihenstephaner Sichtungsgarten entwickelte System der Lebensbereiche nach Richard Hansen und Friedrich Stahl bildet das fachliche Fundament für ihre Meisterschaft im Gestalten. »Manche empfinden die Lebensbereiche als Schublade«, sagt die Planerin. Aber für die Diplom-Ingenieurin sind sie von Anfang an eine Hilfe: »Sie sagen viel über den Charakter einer Pflanze aus.«

Vorherige Doppelseite: Von der Westterrasse führen Treppen in den Garten. Als Rasenstufen schaffen sie einen harmonischen Übergang vom formalen Freiluftwohnbereich in den pflanzendominierten Außenraum.

Dieses »Ich mag es frei und sonnig, deshalb passe ich im Garten in eine Freifläche in voller Sonne«, ist die eine Seite der Medaille. Auf der anderen erkennt die Gestalterin an den Ansprüchen, welche Stimmung sich mit welchen Pflanzen ausdrücken lässt. Ihr Gespür für florale Stimmungsbilder bringt ihr bereits im Praktikum den ersten Großauftrag ein. Ein Münchner Architekturbüro überlässt ihr den Auftrag, auf der Landesgartenschau in Straubing 1989 den Wechselflor zu gestalten. Christine Orel ist die Erste ihrer Zunft, die losgelöst von den damals üblichen Teppichbeeten eine Sommerblumenrabatte als Farbverlauf entwickelt.

Im Bereich der Kleingärten experimentiert sie in gleicher Manier mit Gemüse. Sie lässt Feldsalat in himmelblaue Blüte gehen und setzt Nutzpflanzen künstlerisch ein. Ein Besucher der Bayernschau spricht sie an: »Do kannt ma ja glei an Löwenzahn einipflanze.« Das habe sie sich ernsthaft überlegt, antwortet Christine Orel mit der größten Selbstverständlichkeit. Sie sieht Pflanzen unter anderen Gesichtspunkten, als allgemein üblich. Formen werden analysiert, der Habitus taxiert und die Strukturstabilität einer Pflanze auf ihre Eignung als Leitpflanze abgeklopft. Christine Orel hat viele neue Kombinationsmöglichkeiten angestoßen und Farbtrends gesetzt. Von der Entdeckung dekorativen Gemüses für den Ziergarten bis zum Purple Border, jener geheimnisvollen Farbgebung zwischen Lila, Violett, Mauve und Lavendel, die eine Rabatte vornehm, fast mystisch wirken lassen, ist sie Avantgarde. Aktiv gesucht hat sie ihre Vorreiterrolle nie. Immer werden die Dinge an sie herangetragen. Auf die Herausforderungen reagiert sie mit Kreativität. In ihren Kompositionen müssen mindestens die Bezeichnungen »spannend« und »überraschend« vorkommen, am liebsten provokant.

Der Schlüssel zum Erfolg ist künstlerischer Natur: Vor jeder Planung liegt nicht das weiße Blatt Papier, sondern Inspiration. »Da muss etwas in mir passieren«, beschreibt es Christine Orel. Andere würden sagen »resonieren«. Das musikalische Talent hat die zweifache Mutter an ihren jüngeren Sohn weitervererbt, der eine Ausnahmeerscheinung an der Orgel ist, und managt seine Karriere nebenher. Ihre eigene Berufung ist es geworden, Jahreszeitenkonzerte mit unterschiedlichsten Pflanzenorchestern zu entwerfen.

Christines Geheimnisse

WIE PFLANZEN SIE STIMMIG?

Ich berücksichtige den Charakter einer Pflanze. Das Zusammenspiel der Charaktere der Pflanzpartner und ihre Ausstrahlung entscheiden über Harmonie, Qualität und Aussage einer Pflanzung. Prachtkerze (Gaura) und Gräser wie Chinaschilf (Miscanthus) sind unterschiedliche Gewächse, aber vom Charakter her besitzen beide etwas Luftig-Leichtes, das zusammenpasst.

WIE ERZEUGEN SIE FARBHARMONIE?

Auch hier spielt das Temperament der Pflanzen die entscheidende Rolle. In einem farbenfrohen Beet beschränke ich mich auf zwei bis drei kontrastierende Farben. Die jeweils stärkere Farbe setze ich zurückhaltender ein. Bei den Komplementärfarben Violett und Gelb wäre der Violett-Anteil geringer als die Menge gelb blühender Arten.

WIE BAUEN SIE SPANNUNG AUF?

Ich kombiniere Blütenformen in überspitzter Art und Weise. Das kann stark polarisierend sein, zum Beispiel ganz kugelige Zinnien (Zinnia elegans) und straff aufrechte Feuersalbei (Salvia coccinea). Ganz klein und kompakt zu sehr groß und weich. Oder ich füge Blütenformen zusammen, die sich stark ähneln, und das in großer Menge. Kandelaber-Ehrenpreis (Veronicastrum virginicum) beispielsweise verwebe ich mit vielen anderen eleganten, aufrechten Rispen, bis ein flirrendes Pflanzengemälde entsteht.

Komponierte Gartenwelten

Christines Handschrift – rhythmisch, virtuos, inspirierend

Es gibt Kompositionen, die legen den Vergleich zur Musik nahe. Rufen harmonische Staudenpflanzungen die Assoziation von Schumanns romantischen Lieder hervor, und das Beet mit den Zierlauchschlegeln bekommt spontan den Namen »Sinfonie mit dem Paukenschlag«, wird klar, weshalb: Pflanzengestaltungen, die im Betrachter etwas zum Klingen bringen, lassen sich leichter in Analogien fassen als in Fakten beschreiben. Christine Orels komponierter Stil ist so eine Offenbarung. Einem großen Publikum wurde ihre Art pflanzlicher Farbsinfonien durch Wechselflorpflanzungen auf diversen Landes- und Gartenschauen bekannt. Schnell kamen auch Staudenpflanzungen dazu und schließlich ein Cross-over der beiden. Entscheidend ist der übereinstimmende Charakter. Er beschäftigt Christine Orel seit vielen Jahren. Durch ihre Farbe und Gestalt strahlen Pflanzen etwas aus. Sie wirken romantisch wie die hellrosafarbene Nachtkerze 'Siskiyou' oder besitzen die Skurrilität der Waagerechten Herbst-Aster 'Lady in Black' *(Aster lateriflorus* var. *horizontalis)*. Die einen wirken heiter, die anderen melancholisch. Dur und Moll, das gibt es auch im Pflanzenreich. Vor der eigentlichen Gestaltung steht daher die Beschäftigung mit dem Thema, das pflanzlich vertont werden soll, und den dazu passenden Pflanzen. Legt Christine Orel unter dem Motto »Gärten der vier Elemente« eine Rabatte zum Thema Wasser an, fragt sie, woran man bei dem Begriff denkt. Wasser spiegelt die Farben des Himmels. Bricht sich das Licht in den Wellen, entstehen alle Nuancen von Blau. Von der Quelle bis zum Fluss ist Wasser meist in Bewegung und wogt in rhythmischen Wellen an Land. Gestalterisch übersetzt, bilden blau blühende Pflanzen in wellenförmigen Bändern ein Meer. Die Gischt der Frühjahrsstürme zeigt sich im Frühjahrsaspekt von weiß-grünen Tulpen 'Spring Green' *(Tulipa viridis)*. Zierlauchkugeln 'Globemaster' symbolisieren überdimensionale Wassertropfen.

Geht es ans Komponieren, passiert das Gleiche wie mit Noten. Je nachdem, wie sie der Komponist aneinanderreiht, entstehen unterschiedlichste Melodien und Stimmungen. In C-Dur spielt es sich am leichtesten: Das sind Ton-in-Ton-Kombinationen, bei denen nicht viel schief gehen kann. Mit Vorzeichen wird es schon schwieriger. Christine Orel liebt solche Herausforderungen. Auf der Landesgartenschau in Bayreuth hat sie Grundideen der Musik in Pflanzungen umgesetzt: Staccato – Legato, Harmonie – Dissonanz, Dur und Moll, Paukenschlag. Mit der visuellen Umsetzung gab sie sich nicht zufrieden. Gemeinsam mit ihrem Sohn, dem Organisten Ludwig Orel, und ihrem Lebensgefährten Toni Rotter haben die drei kleine Klangwelten zu jedem Garten komponiert und eingespielt. Die Musik lief auf Knopfdruck in 20-Sekunden-Sequenzen im jeweiligen Gartenteil.

Die Gestalterin fordert die Kunst heraus, Pflanzen zusammenzustellen, die keine Langeweile aufkommen lassen. Eine Leidenschaft ist es dabei, Blütenformen in überspitzter Manier zu kombinieren. Das können polarisierende Gegenüberstellungen von kugelig und straff aufrecht sein oder extreme Formkombinationen, in denen sich stark ähnelnde Blütenformen in großer Menge zusammenfügen. Eine flirrende Stimmung erreicht sie, indem Pflanzen von aufstrebendem Wuchs und vielen Blüten auf dünnen Stängeln dicht beieinander stehen und vom Wind bewegt werden. Die Farbtonalität weist eine geringe Sättigung auf mit einem hohen Anteil von Weiß.

Genialität ist eine Begabung. Doch so wenig ein begnadeter Musiker ohne Kenntnisse der Harmonielehre und Übung auskommt, gibt es Grundsätze und Erfahrungswerte der »musischen Gestaltung«. In der Klassik heißt es, alle nachfolgenden Komponisten konnten auf Bach aufbauen. In diesem Sinne ist das System der Lebensbereiche von Richard Hansen und Friedrich Stahl das Bach'sche Grundwerk für Christine Orels Gestaltung. Wie experimentierfreudig auch immer sie mit Harmonien und Tönen, die sich aneinanderreihen, umgeht, kombiniert sie doch nur solche Pflanzen miteinander, die dieselben Standortansprüche haben.

Privatgarten im komponierten Orel-Stil

mit umlaufenden Stauden-Gehölzpflanzungen
(Fotos Seiten 88–89, 94–95, 96 unten links, 97, 99)

LEGENDE
1 Eingangsbereich
2 Westterrasse
3 Mäandernde Beete
4 Ostterrasse mit Kräutergarten

GRÖSSE
1000 m²

BESONDERE KENNZEICHEN
* Erhöhtes Beet und Rasentreppe ersetzen an der steil abfallenden Terrasse eine Böschung.
* Artenreiche Bepflanzung nach gestalterischen Grundsätzen.
* Hochwertige Materialien wie Wachenzeller Dolomit.

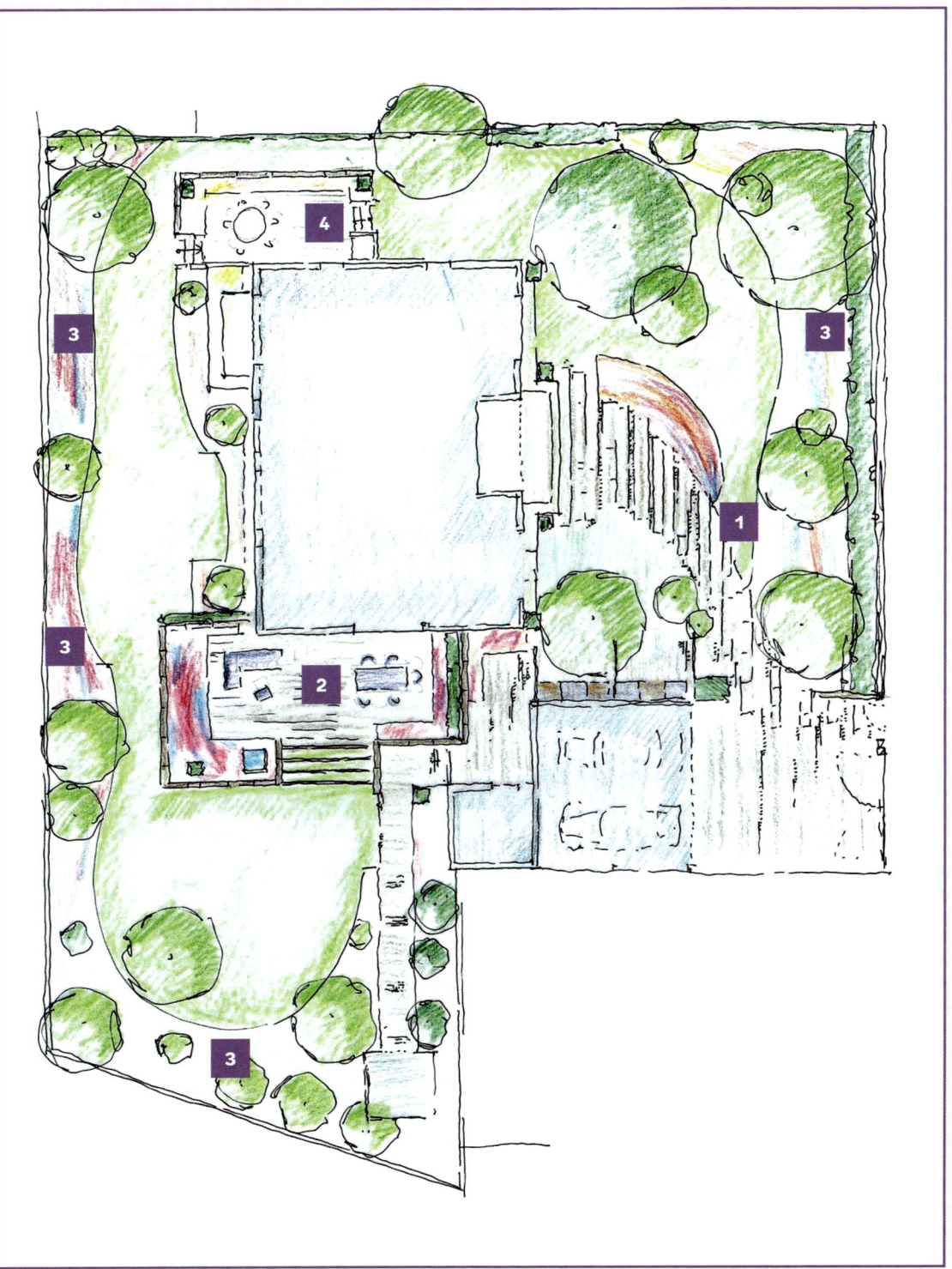

Komponierte Gartenwelten

Privatgarten im komponierten Orel-Stil

Linke Seite oben links: Der kleine Brunnen im Wachenzeller Dolomit des Mauerwerks sorgt für heitere Stimmung auf der Terrasse.

Linke Seite unten links: Das Purpurviolett des strukturbildenden Ziest 'Hummelo' (Stachys monnieri) reibt sich farblich am Lachsrot des Knöterichs 'Firetail' (Polygonum amplexicaule), um Spannung aufzubauen.

Linke Seite oben rechts: Die hellrosafarbene Nachtkerze 'Siskiyou' (Oenothera speciosa) ist eine ebenso hervorragende Staude wie die dauerblühende Schönaster 'Madiva' (Kalimeris incisa).

Linke Seite unten rechts: Kugelige Blüten der Schneeballhortensie 'Annabelle' (Hydrangea arborescens) bilden Fixpunkte, an denen sich das Auge in der langen Rabatte festhalten kann. Kerzenförmig aufstrebener Ziest leitet dagegen weiter. Dazwischen vermitteln die Blütendolden der Glockenblume 'Loddon Anne' (Campanula lactiflora).

Oben: Ein Hochbeet grenzt die Terrasse ab und fängt das Gefälle zwischen Garten und Sitzplatz am Haus auf. Von Zwiebelblumen wie Zierlauch 'Purple Sensation' (Allium aflatunense) über sommerliche Dauerblüher à la Duftnessel 'Blue Fortune' (Agastache foeniculum) bis zu den hohen Herbstastern 'Lady in Black' (Aster lateriflorus) steht hier immer etwas in Blüte.

Privatgarten im komponierten Orel-Stil

(Foto oben)

Oben: Spannungsreiche Kontraste lassen sich auch in der Gegenüberstellung von mäandernden Rabatten und formalem Hochbeet aufbauen. Dazwischen braucht es die beruhigende Fläche des Rasenteppichs.

Landesgartenschau Trier

(Fotos rechte Seite)

Rechte Seite oben links: In den Gärten der vier Elemente auf der Trierer Landesgartenschau symbolisierten die Kugeln des Zierlauchs 'Globemaster' (Allium-Hybride) im Themenbereich Wasser überdimensionale Wassertropfen.

Rechte Seite unten links: Unter die Feuerfarben von Zinnie 'Profusion Fire' (Zinnia angustifolia), Sonnenhut 'Cappuccino' (Rudbeckia hirta), Sonnenblume 'Vanilla Ice' (Helianthus debilis) und Löwenmäulchen 'Rocket Orchid' (Antirrhinum majus) ist mit Leberbalsam 'Blue Horizon' (Ageratum houstonianum) ein bläulicher Schimmer von Flammen und der Duftnessel 'Weiße Kerze' (Agastache urticifolia) ein fahler Ascheton gemischt.

Rechte Seite oben rechts: Das Thema Feuer wurde mit flammenden Farben der orange lodernden Fackellilie 'The Rocket' (Kniphofia-Hybride) und gelb-orange-braunen Schafgarben 'Terracotta' (Achillea-Hybride) pflanzlich umgesetzt. An seinem Grund hat Feuer oft einen blauen Hauch, den die züngelnden Kerzen des Ehrenpreis (Veronica longifolia) widerspiegeln.

Rechte Seite unten rechts: Silbergrauer Beifuß 'Powis Castle' (Artemisia arborescens) und Wunderkerzenartiger Zierlauch (Allium christophii) erzeugen, wie im Erdgarten der Trierer Landesgartenschau, eine flirrende Stimmung. Damit die Pflanzung optisch nicht auseinanderfällt, benötigt sie gezielt angeordnete Haltepunkte wie den dunkellaubigen Wasserdost 'Chocolate' (Eupatorium rugosum), dessen weiße Blüten im Spätsommer in schönem Kontrast zu den »schokoladenfarbigen« Blättern stehen.

»Erfahrungsschatz wächst nur übers Ausprobieren.«

CHRISTINE OREL IM GESPRÄCH

Sie bezeichnen Ihre Beete als »gepflanzten Blumenstrauß«. Was meinen Sie damit?
Dahinter steckt die Vorstellung, dass Sie die Hand ausstrecken können, um der Fläche an beliebiger Stelle ein Bündel Pflanzen zu entnehmen, das wie ein Blumenstrauß wirkt. Gestalterisch bedeutet es, die Pflanzen im Detail zu gruppieren, aber auch über die gesamte Fläche eine ausgewogene Farbwirkung zu erzielen.

Warum müssen Farben miteinander harmonieren?
Farben, die miteinander harmonieren, führen das Auge des Betrachters behutsam über die Fläche. Eine Pflanzung wird nur dann als attraktiv empfunden, wenn der Blick geleitet wird. Das kann durch einen Farbverlauf geschehen, oder indem man Akzente setzt.

Trotzdem verfremden Sie monochrome Farb-Tonleitern und schaffen neue Farbtrends. Warum?
Allzu brav wirkende Kombinationen werden schnell langweilig. In einem Rosa-Violett gehaltenen Staudenbeet verfremde ich beispielsweise die Töne durch eine tief orangefarbene Taglilie. Das steigert die Spannung. Die vielen Pflanzen in ihren fantastischen Farbnuancen sind für mich wie ein Farbkasten. Mische ich Gelb zu Rosa, entsteht Apricot. Das ist keine eindeutige Farbe und hat daher die Gabe eines Diplomaten, zu vermitteln. Nehme ich mehr Weiß dazu, kommt Lachs heraus.

Sie verstehen es, sogar Farben, die sich wie Lachs und Orange nicht gut vertragen, harmonisch zu verbinden. Wie gelingt das?
Ich besänftige sie, indem ich dunkellaubige Blattschmuckpflanzen einfüge. Treffen im Beet Rosa und Orange oder kaltes und warmes Rot aufeinander, vermitteln Pflanzen in Grau und Silber. Weiß passt zu allen Farben. Es verändert aber die Wirkung der Grundfarbe. Heiteres Gelb wirkt in Verbindung mit Weiß elegant. Schwerfälliges Rot erhält durch die Begleitung von Weiß mehr Leichtigkeit und Leuchtkraft.

Kräftige Farben gelten als Herausforderung. Was ist Ihr Rezept?
Bei den starken Farben gilt der altbewährte Ausspruch: Weniger ist oft mehr. Kräftige Farben wie die flammenden Orangetöne einer Fackellilie oder das satte Goldgelb einiger Sommerblumen sind schwierig einzubinden. In einem Themenbeet, wie ich es beispielsweise auf der Landesgartenschau 2004 in Trier unter dem Motto Feuer zu gestalten hatte, sind solche eindeutigen Farben dagegen das Mittel der Wahl. Dabei ist es wichtig, nicht nur die Farbe und über die Farbe die Hitze des Feuers darzustellen, sondern auch dessen Kraft.

Wie funktioniert das?
Das erreichen Sie einerseits durch die Form: Große Blüten und eine stattliche Erscheinung der Pflanze. Andererseits durch die Anordnung: Zum Beispiel dürfen die Pflanzen nicht zart miteinander verwoben sein, sondern werden in großen Gruppen gepflanzt. Der Effekt lässt sich durch eine ausgeprägte Höhenstaffelung noch steigern. In unserer Vorstellung haben Flammen ja eine charakteristische Form. Im Feuergarten war sie durch die hohe sulphurgelbe Staude *Helianthus microcephalus* 'Lemon Queen' in der Mitte der Pflanzung dargestellt.

Wie geht man ein fröhliches Beet farblich an?
Fröhliche Stimmung erzeugen Sie sowohl in kräftig warmen Tönen von Gelb, Orange und Rot als auch in kälteren Farbtönen mit einem hohen Rosaanteil und sehr viel Weiß.

Und wenn es elegant sein soll?
Eine elegante Pflanzung neigt zu kühlen und zurückhaltenden Tönen.

Was braucht eine zarte Pflanzung?
Bei den Blütenfarben wähle ich zurückhaltende Farben: dezentes Weiß, Blassblau, Grau oder Chamois. Von der Form brauche ich Pflanzen, deren Blüten verschleiern. Myrten-Astern *(Aster ericoides)* können das sehr gut. Der ganze Habitus sollte wie bei den dichten Blütenrispen des Steinquendels *(Calamintha nepeta)* eine flirrende Stimmung erzeugen. Dickes, fleischiges Laub in saftigem Grün wäre fehl am Platz. Das flauschige Blattwerk eines graulaubigen Wollziest *(Stachys byzantina)* ist dagegen genau richtig. Genauso wichtig wie die Farben ist das Spiel der Strukturen und Texturen miteinander. Deshalb wird eine zarte Pflanzung wie auf einem im Millefleur-Muster verwebten Teppich locker durchmengt.

Das bogig überhängende Japan-Goldbandgras 'Aureola' *(Hakonechloa macra)* hebt sich nicht nur farblich vom kerzengeraden Ziest 'Hummelo' *(Stachys monnieri)* ab.

Niederlande

FRISCHER WIND AUS DEM LAND DER TULPEN

Im Zusammenhang mit Gartendesign aus den Niederlanden wird früher oder später der Begriff »Dutch Wave« fallen. Wie so oft in der Gartengeschichte, wurde die Bezeichnung der neuen Stilrichtung von außen verliehen. Auf einem Symposium in Schweden tauchte sie um die Jahrtausendwende zum ersten Mal auf. Aufmerksam hatten Greenfingers auf der Suche nach mehr Natürlichkeit in der Gartengestaltung verfolgt, was sich da in Holland tat. Die »Holländische Welle« entwickelte Staudenpflanzungen von atmosphärischer Wirkung und machte Gräser salonfähig. An ausdrucksstarken Stauden die sich, wenn möglich ihren ursprünglichen Wildcharakter bewahrt haben, schulte sich das Auge für Strukturen und Texturen. Mit einem Höhepunkt im Spätsommer und Herbst lenkte sie den Blick auf Pflanzen, die über einen möglichst langen Zeitraum wirken und auch nach der Blüte noch gut aussehen. Für den Frühjahrsaspekt stand im Land der Bollen die weltweit größte Auswahl an Zwiebelblumen zur Verfügung. Gärtnern ohne Tulpen & Co. ist in den Niederlanden undenkbar. Ein Netzwerk von Gartendesignern und Gärtnern machte sich daran, für den verheißungsvollen Stil zu selektieren und zu züchten. Neue Farbtöne, die in geheimnisvolle Purpurwelten führen und in mysteriöses Schwarzrot eintauchen lassen, bereicherten die Palette. Entscheidende Impulse waren von Künstlern, Gartenphilosophen und einer engagierten Gärtnerschaft ausgegangen.

Stellvertretend für die Ursprünge der Bewegung steht die Geschichte der Niederländerin Mien Ruys. Sie beginnt damit, dass ein kleines Mädchen »Potentilla« sagen kann, bevor es Mama und Papa ausspricht. Zwar geht man in Holland bereits seit dem Goldenen Zeitalter mit botanischen Namen – auch für Fingerkraut – mit einer Selbstverständlichkeit um, die Ihresgleichen sucht: Als Seefahrernation führte das Handelsvölkchen der Vereinigten Niederlande bereits im 16. und 17. Jahrhundert einen enormen Pflanzenreichtum ein. Ungewöhnlich war diese Mien trotzdem. Die Tochter eines Staudengärtners und -züchters, der mit Moerheim die damals wohl bedeutendste Staudengärtnerei in ganz Westeuropa führte, folgte ihrer Berufung. Sie profitierte von den »Pflanzenjägern«, die auf der Suche nach Staudenschätzen für die Gartengestaltung im Hause Ruys ein und aus gingen. Der Austausch erweiterte den Horizont. Mien wurde eine der führenden Köpfe der international als New Perennial Movement bekannt gewordenen Bewegung. Die »Neue Staudenbewegung« hatte ein klares Ziel: Sie wollte den von architektonischer Sachlichkeit durchdrungenen Gärten mittels Charakterpflanzen wieder Lebendigkeit einhauchen. Das bedeutete nicht, dass architektonische Elemente vernachlässigt wurden. Ganz im Gegenteil: Ihr Bestreben, dem Garten Form zu geben, führte zu geometrischer Flächenaufteilung und kubistischer Raumteilung. Zudem hatte Mien Ruys erkannt, dass in einem so flachen Land wie dem ihrigen schon kleine Höhenunterschiede besonders stark wirken. Problemlos ließen sich durch Hecken verschiedene Pflanzbereiche schaffen. Das belebte die seit der Renaissance gebräuchliche Idee des Gartenzimmers, aus der sich in der Barockzeit schon einmal ein eigener holländischer Stil entwickelt hatte.

Lianne Pot

VON DER PRÄRIE LERNEN

Die Präriegärtnerin

Lianne Pot ist in ganz Europa bekannt für Ihre Präriegärten. Ihre Schaugärten werden von Interessierten aus der ganzen Welt besucht. Neben der Gartengestaltung gibt sie Kurse und hält Vorlesungen darüber.

Lianne Pot kann andere mit ihrer Begeisterung für Gräser und einen von Gräsern geprägten natürlichen Gartenstil mitreißen. Ihre erste Begegnung mit Ziergräsern zeigt, wie: »Ich stand im Garten des gärtnernden Malers Ton ter Linden im niederländischen Ruinen und sah zum ersten Mal das Riesenfedergras *Stipa gigantea*. Sanft wiegte es sich im Frühlingsbeet hin- und her. Wundervoll! Und in diesem Augenblick unglaublich für mich.« Es ist der erste Garten, den Lianne in ihrem Leben besucht. Gräser in der freien Landschaft haben es ihr dagegen schon viel früher angetan: »Ich glaube, meine Leidenschaft für Gräser begann bereits in den Schilfgürteln der Provinz Groningen.« Dort wird Lianne als Kind von Viehzüchtern mit neun Geschwistern im flachen Grasland groß. Der Weg zur Schule führt mit dem Fahrrad immer am Kanal entlang: »Die Art, wie der Wind durch das Schilf fuhr und es zum Rascheln brachte. Die Enten, die sich hinter dem Gras aus der Deckung wagten und aufflogen. Die einprägsame Struktur dieser Grasmassen, die zugleich einfach und vielfältig waren. Das fühlte sich gut an. Vermutlich, weil all das zusammen etwas Beruhigendes ausstrahlte.«

Als die längst in der Stadt heimisch Gewordene 1994 durch Zufall mit ihrem Partner und dem ersten Sohn wieder aufs Land zieht, bietet ein großes Stück Gartenland die Möglichkeit, der Gräserlust zu frönen. »Gräser waren die ersten Pflanzen, die mich wirklich begeisterten, und Dutch-Wave-Pflanzen waren der Auslöser, einen natürlichen Gartenstil zu verfolgen.« Sie liest Bücher darüber, stößt auf Piet Oudolfs und Michael Kings in mehrere Sprachen übersetztes Buch *Zarte und prachtvolle Gräser*. »So viele Gräser! Aber wo waren sie?«, fragt sich Lianne und muss feststellen, dass der bereits 1957 von Karl Foerster als Buchtitel formulierte Aufruf *Einzug der Gräser und Farne in die Gärten* noch nicht stattgefunden hat. In De Wilp soll sich das ändern. Lianne Pot sammelt so viele Gräser wie möglich für ihren Garten. Sie will deren Entwicklung studieren. Sie will wissen, wo sie am besten gedeihen, wann sie zur Blüte kommen, welche die schönste Herbstfärbung haben und welche noch im Winter eine attraktive Silhouette zeigen.

Zwanzig Jahre später kann die Halterin der niederländischen Graskollektion aus Erfahrung sagen, dass sich Gräser

Vorherige Doppelseite: In der prärieähnlich bepflanzten Fläche verweben sich Fetthenne 'Karfunkelstein' *(Sedum*-Hybride) mit Prachtscharte *(Liatris spicata)*, Dost 'Rosenkuppel' *(Origanum-Laevigatum*-Hybride) und Strandflieder *(Limonium latifolium)* zu einem blauvioletten Meer. Sonnenauge 'Asahi' *(Heliopsis helianthoides* var. *scabra)* leuchtet orange-gelb heraus.

hervorragend dazu eignen, Pflanzungen natürlich wirken zu lassen. Die Kombination mit Stauden hat Lianne Pot von ihrem ersten Gartentag an beschäftigt. Ein Freizeitvergnügen kann man das nicht mehr nennen. Die Gartenbegeisterte merkt, dass sie ihre Passion ernster nimmt als eine Hobbygärtnerin. Sie will lernen, wie man professionell gestaltet. 2000 absolviert sie eine dreijährige Ausbildung an einer Gartendesignerschule und startet ihr eigenes Gartengestaltungs-Unternehmen mit Gärtnerei und Schaugarten. Bei der Kundschaft mehren sich die Stimmen, die nach einer pflegeleichten Art der Gartengestaltung rufen. Nun kommt der frisch gebackenen Gartendesignerin ihr früherer Beruf als Sozialarbeiterin zu Hilfe. Darin geschult, Möglichkeiten auszuloten, sucht sie nach Lösungen, wie das Gärtnern erleichtert werden kann, ohne auf Artenvielfalt zu verzichten. »Dabei landen Sie unweigerlich bei der Prärie«, meint die vom Nachhaltigkeitsprinzip des Naturmodells überzeugte Gärtnerin. Aber ist das nordamerikanische Ökosystem auch auf Europa übertragbar?

Ein anschauliches Beispiel bietet sich im deutschen Hermannshof in Weinheim. Hier sind unterschiedliche Pflanzenmischungen entwickelt worden, die sich an den ursprünglichen Prärien in Nordamerika orientieren. Noch während Lianne die verschiedenen Beispiele aus der Hoch- und Mischgrasprärie bei ihrem ersten Besuch 2006 fasziniert betrachtet, wird ihr klar, dass sie die echte Prärie erleben will: »Im Prairie State Park Missouri sah ich die Purpursonnenhüte meiner Pflanzungen das erste Mal in der Wildnis. Dazwischen grasten Bisons.« Solche Begegnungen wirken nachhaltiger als jedes Bücherstudium. Sie sammelt dort reichlich Eindrücke, und erwirbt ein Stück Land von 5000 Quadratmetern neben ihrer Gärtnerei. Sie ist die erste Holländerin, die eine Prärie in Realität gesehen und erforscht hat. Und sie wird die Erste sein, die eine derart große Präriegartenbepflanzung in Europa anlegt: »Ich war schon ein bisschen unsicher, ob die Leute reif für diese Art von Wildnis waren.« Doch sie wagt es, das Thema Prärie als Ausgangspunkt für eine Vielzahl gartentauglicher Variationen zu präsentieren. Es ist das Experimentierfeld der Präriegärtnerin geworden und ein Schaugarten, der nun seinerseits Interessierte aus aller Welt anzieht.

Liannes Geheimnisse

WIE ÜBERTRAGEN SIE PRÄRIEDIMENSIONEN AUF DEN HAUSGARTEN?

Je großräumiger eine Pflanzung ist, umso leichter stellt sich das echte Prärie-Feeling ein. Aber der unverwechselbare Charakter lässt sich auch auf wenigen Quadratmetern umsetzen. Der Trick: Mit Strukturpflanzen wie Gräsern gliedere ich die Fläche und benutze wenige saisonale Themenpflanzen wie Purpur-Sonnenhut.

NEHMEN SIE NUR NORDAMERIKANISCHE PFLANZEN?

Echte Präriepflanzen finde ich schön und wichtig, um auch in europäischen Gärten langlebige Pflanzungen zu etablieren. Aber ebenso wichtig ist es, dass ein stimmiges Bild entsteht, das die ganze Saison abdeckt. Entscheidender als die Herkunft kann daher sein, ob die Pflanzen von ihren Standortansprüchen, ihrer Eigenart und der Blütezeit in die Prärie passen.

WIE VIEL ARTENVIELFALT HALTEN SIE FÜR EINEN PRÄRIEGARTEN FÜR NÖTIG?

Fünfzehn bis 20 verschiedene Arten sollten es in einer gemischten Präriebepflanzung schon sein. Bei großem Artenreichtum stellt sich schneller ein natürliches Gleichgewicht ein. Je mehr Wildstauden gebraucht werden, desto weniger Chance hat das Unkraut.

WIE ÜBERBRÜCKEN SIE DIE BLÜTENARME FRÜHLINGSZEIT IM PRÄRIEGARTEN?

Ich verwende Zwiebelblumen, am liebsten botanische Arten. Das überbrückt die lange Anlaufzeit der Präriepflanzen und wirkt natürlich.

Liannes Vision – zukunftsweisende Naturräume im Garten

Der Traum von der großen Freiheit, wie ihn die Weiten der Prärie sehnsuchtsvoll wachrufen, kann im Hausgarten Wirklichkeit werden. Das ist die Botschaft, die von der holländischen Gartengestalterin Lianne Pot ausgeht. Ihr Thema sind gräserbeschwingte Staudenpflanzungen oder von Stauden durchkämmte Graslandschaften. Die international gefragte Präriegärtnerin unterscheidet zwischen natürlich wirkenden Pflanzungen und Mischpflanzungen. Bei Ersteren ist die Struktur wichtig, bei Letzteren steht der Artenreichtum im Vordergrund.

In beiden Fällen spricht die Gestaltung eine Gefühlswelt an. Das beginnt bereits damit, dass die Pflanzflächen auf unkonventionelle Art erlebt werden: »Am besten gehen Sie durch die Pflanzung hindurch«, ermuntert Lianne Pot ihre Besucher. Es gibt keinen Hintergrund und keinen Vordergrund. Der klassische Beetaufbau hat dem Prärie-Feeling Platz gemacht.

In einer Hochgrasprärie konnte sich ein Indianer auf seinem Pferd verstecken. »Um inmitten des Geschehens zu sein«, wie Lianne Pot es formuliert, taucht der Freund der Präriepflanzung ab in einem Dschungel aus Gräsern und Pflanzen, die sich ihren Wildcharakter bewahrt haben. Unter den Füßen knirscht der Lavakies. Diese Mulchschicht hält die Feuchtigkeit im Boden und verhindert das Aufkeimen von ungewünschten Kräutern. Schnecken meiden das spitze Material. Den Pflegeaufwand zu reduzieren, ist ein Grund, sich für gartentaugliche Präriepflanzungen zu interessieren. Fünfzehn bis 20 verschiedene Pflanzenarten oder Sorten verwendet Lianne Pot in einer gemischten Präriepflanzung. Die einzelne Pflanze tritt zugunsten der Gemeinschaft in den Hintergrund. »Daher fällt es auch weniger stark auf, wenn einzelne Arten oder Sorten abgeblüht sind«, erklärt die Expertin den großen Vorteil. Immer zieht etwas anderes den Blick auf sich. Ein Beispiel für den praktischen Nutzen der gemischten Präriepflanzung liefern Herbstastern. Sie wachsen von innen nach außen und verkahlen mit der Zeit. In der Rabatte müssen sie daher alle vier Jahre geteilt werden, um den Farbeffekt zu erhalten. Im Pflanzengefüge der Prärie fällt die Wanderlust nicht auf. Dynamik ist sogar erwünscht. Ein Charakteristikum der Präriepflanzung ist der ständige Wandel. Wer die unterschiedlichen Jahreszeiten bewusst im Garten erleben will, findet im stimmungsvollen Präriegarten beste Voraussetzungen. Die jeweilige Saison wird nicht als blumiges Farbevent in Szene gesetzt, sondern in ihrer Atmosphäre nachempfunden. Einen großen Anteil am Gelingen der jahreszeitlichen Wandelbilder haben Gräser. Durch ihre vertikale Linienführung gleichen sie dem Grundgerüst in der Architektur. Sie funktionieren als Stützen einer Pflanzung, weil sie vom Aufwachsen bis zur Wintersilhouette über einen ungewöhnlich langen Zeitraum gut aussehen. »Oft entwickeln sich die vertikal wachsenden Stauden im Wettkampf mit den Gräsern in ihrer Umgebung am besten«, macht Lianne Pot auf ein weiteres Charakteristikum der Präriepflanzung aufmerksam.

Formen rücken anstelle von Farben in den Vordergrund. Die Kontrastwirkung zwischen Kandelaber und Dolde, vertikalen Strukturen und wolkigem Blütendunst wird wichtiger als Komplementärfarben im Blumenschmuck. Darin gleichen Präriepflanzungen Landschaften, die auf den ersten Blick in ihren Konturen wahrgenommen werden. »Für mich ist es wichtig, dass die Gartenbesucher in meinen Gärten sitzen können und die Pflanzungen überblicken«, meint Lianne Pot. Den Blick über die Prärie schweifen zu lassen – das geht am besten von oben. Deshalb hat Lianne Pot in ihrer Schaupflanzung einen Turm gebaut, den die Besucher besteigen. Von hier lässt sich das Konzept aus einer Perspektive erfassen, die schon Renaissance- und Barockgärten kannten. Doch im Gegensatz zu stickereiartigen Arabesken und starren Ornamenten geht es hier um naturhaftes Zusammenwachsen, natürliche Dynamik und eine neue Sicht auf ökologische Herausforderungen.

Liannes Prärieschaugarten »Siergrassen«

Mustergärten im Präriestil inklusive der niederländischen Nationalsammlung von Ziergräsern

LEGENDE
1 Mustergräsergärten
2 Sammlung niederländischer Ziergräser
3 Präriegarten
4 Aussichtsplattform

GRÖSSE
7500 m² (davon Präriegarten: 3500 m²)

BESONDERE KENNZEICHEN
* Präriebepflanzungen für Rabatten und kleine Gärten, sowie nach Farben und jahreszeitlichen Aspekten gestaltet.
* Echte Prärie nach dem Vorbild der Natur zur Anschauung.
* Kombinationen von besonderen Gräsern.

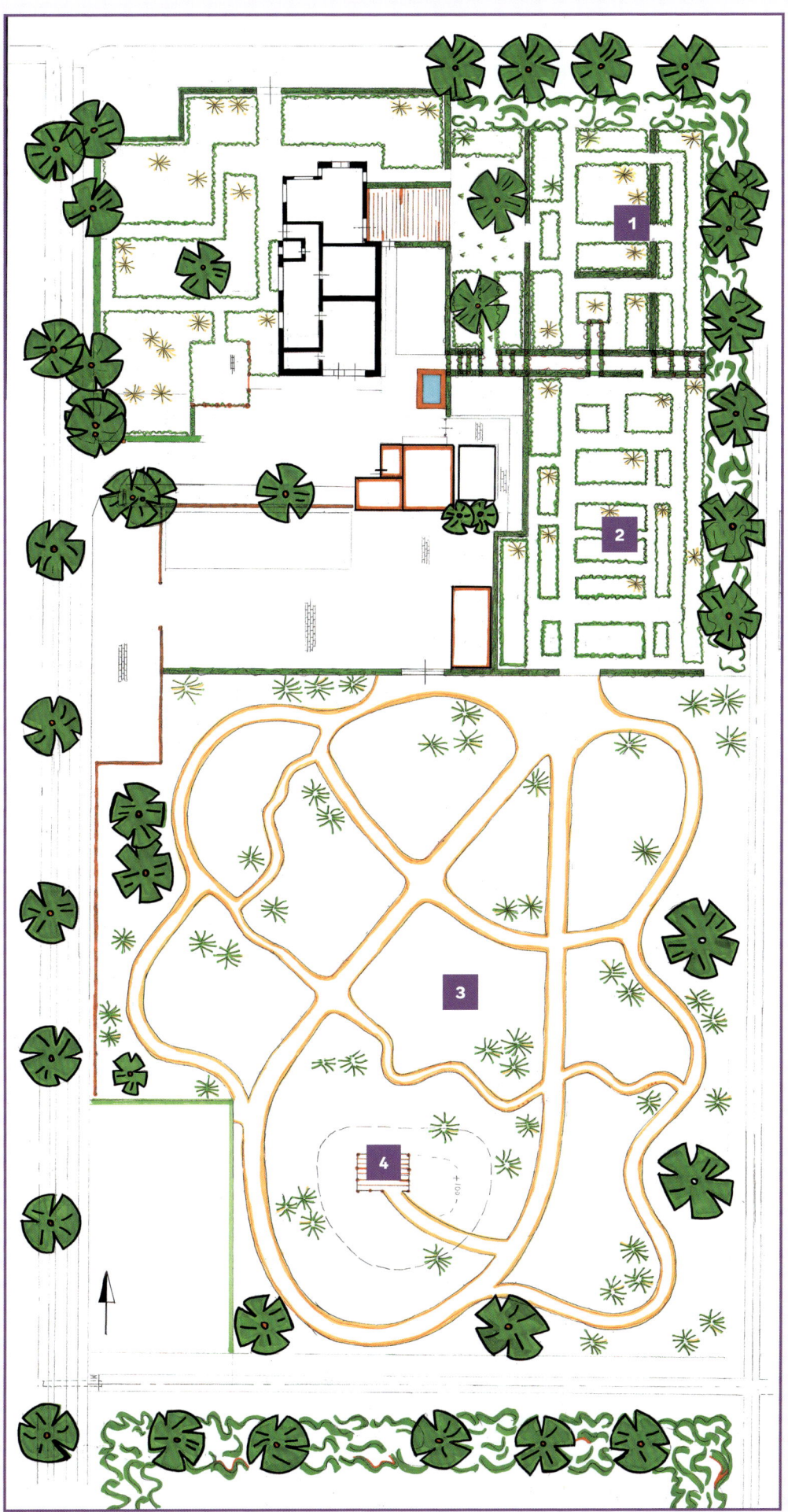

Von der Prärie lernen

Linke Seite oben links: Gelber Sonnenhut (*Rudbeckia paradoxa*) ist ein typisches Präriegewächs, das im Spätsommer zur Blüte kommt, wenn die Lupinen bereits in Samen gegangen sind.

Linke Seite unten links: Flammenblume 'Uspech' (*Phlox paniculata*) und Schafgarbe 'Coronation Gold' (*Achillea-Filipendulina*-Hybride) passen in prärieähnlichen Bepflanzungen genauso gut zusammen wie im Bauerngarten.

Linke Seite oben rechts: Kugeldistel 'Veitch's Blue' (*Echinops ritro*) zieht Insekten wie Hummeln magisch an.

Linke Seite unten rechts: Charakteristisch für die Wildart des Purprsonnenhuts (*Echinacea pallida*) sind die lang und schmal herabhängenden Blütenblätter. Gestalterisch kann anstelle der Draufsicht auch mal die Seitenansicht interessant sein.

Oben: Kleine Pfade führen durch die mit Lavakiesschotter abgedeckten Präriepflanzungen und lassen sie hautnah erleben. Am Rand des Präriegartens sind europäische Ziergräser wie das Reitgras 'Karl Foerster' (*Calamagrostis x acutiflora*) in großen Gruppen aufgepflanzt. Sie behalten ihre Struktur über einen langen Zeitraum und bilden so einen schönen Hintergrund vom Frühsommer bis ins nächste Frühjahr, wenn sie bodennah abgeschnitten werden.

Von der Prärie lernen

Links: Weißleuchtender Ehrenpreis 'Fascination' *(Veronica longifolia)* ragt gerade zwischen den Sonnenbräuten 'Waltraud' *(Helenium*-Hybride) und Indianernessel 'Scorpion' *(Monarda fistulosa)* auf. Das verleiht der dichten Präriepflanzung eine natürlich rhythmische Struktur.

Rechts oben: Indianernessel 'Scorpion' bringt von Juni bis August nicht nur eine willkommene Blütenfarbe ein, sondern auch aromatisch duftendes Laub.

Rechts Mitte: Ehrenpreis 'Fascination' ist eine Auslese des holländischen Staudengärtners Coen Jansen. Er trägt seine weißen Blüten von Juni bis August auf 80 cm langen standfesten Stielen.

Rechts unten: Sonnenbraut 'Waltraud' ist eine 1947 von Deutschmann in Deutschland gezüchtete Sorte, die reich und von Juni bis August etwas früher als ihre Artgenossen blüht.

Von der Prärie lernen

»Wir brauchen Pflanzen, um zu überleben.«

LIANNE POT IM GESPRÄCH

Wie erklären Sie Ihren Studenten die spezielle Art der Gartengestaltung des Präriegartens?
Eine Prärie ist eine nachhaltige, starke und gesunde Gemeinschaft von Gräsern und Stauden. In Anlehnung daran ist ein Präriegarten für mich ein artenreiches System von langlebigen, vor allem nordamerikanischen Stauden und Gräsern, die miteinander ein Gleichgewicht bilden. Die Pflanzen haben sich an schwierige Bedingungen angepasst: trockene Sommer, kalte Winter. Sie kommen auch mit starken Regenfällen zurecht. Ähnliche Bedingungen finden sie in unseren mitteleuropäischen Gärten vor.

Mit der Klimaerwärmung werden die Extreme noch zunehmen. Sie halten Präriepflanzungen daher für zukunftweisend?
Sie bieten eine Lösung für pflegeleichte Gärten. Präriepflanzen wurzeln tief – einige, wie das Bartgras *(Andropogon gerardii)*, über 7 Meter. Sie erschließen sich Wasserschichten, wo andere Pflanzen längst vertrocknen, und sind damit wichtig, um ein natürliches und gesundes Gleichgewicht mit anderen Pflanzen aufzubauen. Durch die Bodenversiegelung …

… die mit den »Steinwüsten« ja auch zunehmend in Gärten Einzug hält …
… kann es auf diesen leblosen Flächen sehr heiß werden. Große Regenmengen versickern nicht schnell genug. Gärten, die im natürlichen Stil angelegt sind, kühlen die urbane Temperatur herunter. Sie dienen als Wasserfilter und binden CO_2. Präriegärten sind farb- und formenreich, ohne viel Pflege zu benötigen. Sie müssen sie nicht wässern. Sie müssen keinen besonderen Dünger geben, wenn der Boden gut ist, und Sie brauchen keine Pestizide, weil Sie die richtigen Pflanzen am richtigen Platz gewählt haben. Das ist gut für die Menschen und für die Umwelt.

Bei Ihrer Reise in die Prärie haben Sie gesehen, dass die nordamerikanische Prärie zu 90 Prozent aus Gräsern besteht. Wie setzen Sie das in Ihren Präriepflanzungen um?
Ich liebe Gräser. Aber ich mag auch Blütenfarben und -formen. Wie hoch der Anteil der Gräser in einer Pflanzung ist, hängt auch vom Geschmack des Auftraggebers ab. 60–70 Prozent Stauden zu 40–30 Prozent Gräsern finde ich eine gute Mischung. Aber Halb-Halb ist genauso möglich. Sie müssen im Hinterkopf behalten, dass Gräser mit den Jahren immer kräftiger werden und stärker expandieren als die meisten Stauden.

Mischgrasprärie-Pflanzungen werden wie in der ursprünglichen Prärie so angelegt, dass es aussieht, als hätten sich die Pflanzen selbst ihren Platz gesucht. Wie schaffen Sie diese Durchmischung?
Ich brauche gute Pflanzenkenntnisse und kann sie nicht einfach zufällig miteinander kombinieren. Je nach Thema nehme ich 10–20 Prozent Solitärpflanzen, 40–50 Prozent Themenpflanzen und ebenso viele Begleitpflanzen. In dieser Reihenfolge werden sie auch gepflanzt. Erst die Solitäre. Dann die Pflanzen, die mit ihren Blüten, Blättern oder ihrer Struktur über einen möglichst langen Zeitraum besondere Effekte schaffen. Dann ihre Begleiter, die für Spontaneität und Abwechslung sorgen. Zum Schluss kommen noch Füllpflanzen wie die Zwiebelblumen hinzu. Es gehört auch Intuition und Eigenkreativität dazu.

Wie viel Spontaneität lassen Sie in Ihren Präriepflanzungen zu?
In meinem eigenen Garten sind kurzlebige Arten, die am Anfang eine wichtige Rolle gespielt haben, verschwunden und andere, nicht so schnell wachsende wie *Baptisia*, sind an ihre Stelle getreten. Manche haben sich frei ausgesät. Hier und da ist das okay. Ich arbeite mit der Natur und nicht gegen sie. Dazu muss ich verstehen, wie Pflanzengemeinschaften funktionieren und sich über einen längeren Zeitraum entwickeln. Dieses Verständnis ist entscheidend, um erfolgreiche Pflanzungen zu entwerfen.

Womit decken Sie Ihre Präriepflanzungen ab?
Obenauf kommt eine 7–10 Zentimeter dicke Schicht Lavakies. Die Mulchdecke hält den Untergrund feucht. Lava erwärmt sich schnell, und die obere Schicht trocknet schnell ab. Unkrautsamen hat es schwerer zu keimen. Kein Wässern, kein Unkraut hacken – das spart 60 Prozent des Pflegeaufwands für ein Beet.

Über die Präriegärten bringen Sie Menschen zusammen. Sie haben einmal gesagt, Sie wollen Gärten erschaffen, die Menschen mit der Natur verbinden?
Ja, ich finde die Verbindung zwischen allem, was lebt und wächst, ganz wichtig – für das menschliche Wohlbefinden und für eine gesunde Umwelt. Ich möchte den Menschen Gärten mit vielen, vielen Stauden und Gräsern geben. Dabei versuche ich das, was in der Natur als ökologisches System funktioniert, in eine gestalterische Form zu bringen.

Aus der Prärie stammt die Prachtscharte *(Liatris spicata)*, die sich schön mit dem Sonnenauge 'Asahi' *(Heliopsis helianthoides* var. *scabra)* vergesellschaften lässt.

Die Farbgärtnerin

Alie Stoffers als *queen of bulbs* zu bezeichnen, wäre nicht übertrieben, aber zu kurz gegriffen. Ihr Markenzeichen ist das Gärtnern in Schichten mit mehreren Zwiebelblumen übereinander. Dazu gehört aber auch der »Schichtwechsel«, wenn im Beet auf den Frühlingsflor Pflanzenvielfalt für den Sommer und Herbst folgt. Das Ganze ist nach Farben geordnet.

Alie Stoffers Gartenliebe beginnt im Sandkasten. Andere Kinder bauen Burgen oder backen Sandkuchen in ihrem Spielfeld. Das Mädchen mit den klaren Vorstellungen vom eigentlichen Sinn eines eingegrenzten Terrains unter freiem Himmel macht einen Garten daraus. »Alles war fein in Reihen gezogen«, erzählt die Holländerin. Aber was macht sie jetzt? Gerade sagt der Vater zu seiner Frau: »Schau nur, wie schön unsere Alie im Sandkasten spielt und kleine Löcher gräbt«, da steht die Kleine vor ihnen und fragt nach Bohnen für die ausgehobenen Mulden. Mit 14 mietet sie ein Stück Land von den Nachbarn und sät dort Blumen ein. Die Leidenschaft für Blumen hat sie von der Mutter geerbt. Die Liebe zu Flora und Fauna vom Vater.

Als die erwachsen gewordene Gartenliebhaberin berufsbedingt in die Stadt zieht, muss sie sich mit einem Balkon begnügen. Sie tigert in ihrer Hochhauswohnung durch die Räume. »In Gedanken schlenderte ich an blühenden Beeten vorbei und pflückte Äpfel für einen Apfelkuchen vom Baum.« Im wirklichen Leben schließt sie Versicherungen ab. »Nach der Arbeit ging ich immer durch den Park. Erst wenn ich Blumen sah, war ich wieder froh«, erinnert sich die damalige Versicherungsangestellte. Ihrem Mann eröffnet sie: »Ich brauche wieder einen Garten.« Die beiden erwerben ein 1200 Quadratmeter großes Stück Bauland inmitten der Wiesenlandschaft nahe Groningen. »Er kaufte ein Haus, ich einen Garten«, sagt Alie Stoffers. Dann tritt Geoff Hamilton in ihr Leben. Der Moderator von *BBC Gardener's World* ist ein Star am britischen Gartenkulturhimmel. Auch in den Niederlanden prägt seine Sendung eine ganze Gärtnergeneration. »Was Geoff Hamilton zum Thema Gärtnern und Garten zeigte, hat mich tief beeindruckt«, begeistert sich die Frau, die heute selber internationale Gestaltungskurse in Englisch hält. »Ich konnte nachts nicht mehr schlafen«, meint Alie Stoffers, »denn ich musste einen Weg finden, um das zu tun, was ich wirklich machen wollte«. Im Klartext geht es darum, »einen sehr großen Garten ohne Geld anzulegen«.

Wie viele Anfänger tappt sie in die Pflanzenfalle: »Ich sammelte alles, was Nachbarn und Freunde zu verschenken hatten«. Aber warum haben sie von der Goldrute und dem Gilbweiderich und der Herbstanemone 'Robustissima' ab-

Vorherige Doppelseite: Der weiße Garten um das Wasserbecken startet mit frühjahrsblühenden Zwiebelblumen. Ende April, Anfang Mai folgen Lilienblütige Tulpe 'White Triumphator', Papagei-Tulpe 'Super Parrot', Viridiflora-Tulpe 'Spring Green' und *Triandrus*-Narzisse 'Thalia'. Eine Kostbarkeit ist die Persische Kaiserkrone 'Ivory Bell' (*Fritillaria persica*).

zugeben? Weil die wuchskräftigen Dominierer eben schnell zu viel werden können. Einige wenige unterdrücken viele Schwächere. Alie Stoffers lernt, gleich starke Pflanzpartner zu finden, um abwechslungsreichere Pflanzungen zu kreieren. Dazu braucht es Pflanzenkenntnisse. Ihre Kompositionen geht sie nach Farben an. Das kreist die unendliche Vielfalt an Möglichkeiten ein. Wenn sie ihren Kunden heute fertige Farbbeete anbietet, die sich auf jede Gartengröße übertragen lassen, ist das ein Produkt ihres eigenen Learning by Doing. »Ich konnte meinen großen Garten nur in kleinen Schritten realisieren«, erzählt sie. Entlang einer Sichtachse, die sich durch den ganzen Garten zieht, biegen links und rechts Räume ab. Jedes Jahr nimmt sie ein neues Gartenzimmer in Angriff. Nach sieben Jahren erreicht sie die Grundstücksgrenze. »Zu diesem Zeitpunkt war mein Hobby bereits außer Kontrolle geraten«, gibt die schaffenskräftige Gestalterin lachend zu. Leute besuchen ihren Garten. Immer häufiger wird sie gefragt, ob sie anderen beim Gärtnern helfen könne. Vier Jahre lang hat sie zwei Jobs und eine 100-Stunden-Woche. Schließlich fokussiert sie sich auf die Gartenplanung. 2009 belegt sie Gestaltungskurse in England.

Mit Great Dixter wird einer der meist gefeierten Gärten Großbritanniens eine ihrer Lehrstätten. Christopher Lloyds Gartenreich ist bekannt für seine experimentelle Bepflanzung in strotzender Fülle. Sträucher, Stauden, kurzlebige Arten und Zwiebelblumen mischen sich im berühmten Long Border mit exotischem Sommerflor. Es ist der Ort, an dem ungewöhnliche Farb- und Formkombinationen Avantgarde sind. Doch in England stehen andere Pflanzen zur Verfügung als in Holland. Das unterschiedliche Klima tut ein Übriges dazu: Das englische Modell lässt sich nicht eins zu eins übertragen. Ohnehin würde sich ein kreativer Kopf wie Alie Stoffers niemals damit begnügen, einfach etwas nachzumachen: »Es ist ein großer Unterschied, ob ich mich inspirieren lasse oder kopiere.« Die Autodidaktin entwickelt ihr eigenes Pflanzenkonzept. Ihr wichtigster Leitsatz lautet: »Sie müssen drei gute Gründe für eine Pflanze haben. Erst dann dürfen Sie sie setzen.« Spricht für den Grünkohl 'Redbor' sein schönes Blatt, seine dekorative Form und eine geringere Schneckenanfälligkeit als bei Funkien, dann eignet sich sogar Gemüse als Zierpflanze. Wen wundert es da, dass Alies viel gerühmter Küchengarten vornehmlich der Zierde dient.

Alies Geheimnisse

WAS IST DAS GEHEIMNIS IHRER ROMANTISCHEN GARTENBILDER?
Ich denke an alle Etagen. Wenn ich ein weiß blühendes Frühlingsgehölz wie den wunderschönen Schneeglöckchenstrauch (*Halesia carolina*) habe, setze ich darunter viele Buschwindröschen. Sie blühen zur gleichen Zeit in Weiß. Das ist wie ein Spiegel zwischen oben und unten.

WIE STELLEN SIE IHRE TULPEN-MISCHUNGEN ZUSAMMEN?
Alle Zwiebeln kommen in eine Schubkarre. Dort mische ich die Sorten. Durch die Zufallsverteilung sieht es im Beet später natürlicher aus.

WIE SETZEN SIE IHRE TULPEN?
Ich pflanze die Bollen tiefer als üblich, ruhig dreimal so tief wie die Zwiebel selber. Dann sind die Tulpen später standfester.

WELCHE ZWIEBELBLUMEN NEHMEN SIE ZUM VERWILDERN?
Am besten eignen sich botanische Arten und die frühen kleinen Zwiebelblumen wie Elfenkrokus und Strahlenanemonen. Ideal sind auch Hasenglöckchen, die in England als *Bluebells* ab April/Mai ganze Wälder blau überziehen. Hasenglöckchen und kleine Narzissen zum Verwildern setze ich in einer Tiefe von 20 Zentimetern und mehr. Dadurch verankern sie sich gut.

Alies Gestaltungsbasis – Farbe als Leitmotiv

In Alie Stoffers Gartenräumen bekommt Romantik ein Gesicht. Mal ist es die »Rosa Wolke«, ein andermal das elegante »Ganz in Weiß« und manchmal »Sturm und Drang« mit einer Gefühlstiefe, wie sie nur geheimnisvoll dunkle Farbtöne hervorrufen können. Die niederländische Gestalterin bezeichnet ihren Stil als romantische Cottage-Garten-Gestaltung und sich selber als Farbgärtnerin. Farbe ist die naheliegendste Art, Überschwang in Beete zu bringen. Vertrauen Gartenfreunde wie Alie Stoffers auf ein monochromes Farbschema, fällt die Gestaltung leichter. Die Beschränkung auf eine Grundfarbe bietet sich vor allem für klar strukturierte Beete und abgegrenzte Gartenzimmer an.

Die Herangehensweise lässt sich in Alie Stoffers Privatgarten De Tuinerie an der hellen Klinkersteinmauer mit dem Löwenkopf exemplarisch erklären. Die Gestalterin hat Weiß als Grundfarbe bestimmt. Ausgewählt hat sie Blumen, die über die ganze Saison verteilt in dieser Farbe blühen. Auf weiße Narzissen, Tulpen und Traubenhyazinthen folgen weiß blühende Phloxe und Rosen. Hinzu kommen Pflanzen, deren Farbspiel auf den dominierenden Farbton abgestimmt ist. Gelbgrüne Goldwolfsmilch setzt Akzente, ohne der Grundfarbe die Schau zu stehlen. Raffinierte Effekte ergeben sich, wenn anfangs hellgrüne Blüten wie bei der kostbaren Persischen Kaiserkrone 'Ivory Bell' mit der Zeit zu Cremeweiß aufhellen. Der weiße Zierlauch 'Mount Everest' wird von der Rispenhortensie 'Lime Light' abgelöst. Die zunächst lindgrünen Blütenrispen des Strauchs reifen zu weißen Blütenständen heran. Alie Stoffers vergesellschaftet die Zwiebelblume und das Gehölz aus einem weiteren Grund: Die spät austreibenden Sträucher verdecken zur richtigen Zeit die unschön werdenden Zierlauchblätter.

Der von Mauer und Hecken klar definierte Raum ist dem schwierigsten Thema unter den Farben gewidmet. Streng genommen ist Weiß eben gerade keine Farbe. Das mag dem Ton, der alles Licht reflektiert, eine fast magische Qualität verleihen. Fast schon an Zauberei grenzt dabei Alie Stoffers Geschick, passende Pflanzen zusammenzustellen. Die Zauberformel liegt in einem Gärtnern in Schichten. Am eindrücklichsten zeigt sich das am Pflanzrand rund um den Brunnen im weißen Garten. Unter der bodendeckenden Staude Haselwurz liegen Zwiebelblumen. Im Bodenprofil könnte jeder drei Stockwerke erkennen. Im Garten tauchen die geschichteten Pflanzen nacheinander auf. Haselwurz ist eine wintergrüne Schattenpflanze, deren Blätter im Frühjahr frisch durchtreiben. Aus dem gelackten Blattteppich ragen im Mai die echten Hasenglöckchen 'Alba'. Vor den Hasenglöckchen haben hier weiße Strahlenanemonen 'White Splendour' geblüht. Ihre Zwiebeln sind flacher als die spitzkegeligen Bulben der Hasenglöckchen. Beide Zwiebelblumen Schicht über Schicht zu setzen, ist daher problemlos möglich. In Waldgartenpartien funktioniert diese Methode hervorragend. Alie Stoffers wählt für den naturhaften Gartenbereich Arten, die natürlich wirken und langlebig sind. Narzissen bleiben im Gegensatz zu Tulpen und anderen Zwiebelblumenleckerbissen von Mäusen verschont. Die Sorten müssen sich zum Verwildern eignen. Verwildern können Zwiebelblumen nur, wenn sie nach der Blüte einziehen und ihre Plätze weder gehackt noch anderweitig gestört werden. Durch den stetigen Zuwachs entstehen mit den Jahren Farbflächen, wie sie in der Natur vorkommen könnten. Doch während es in der Wildnis meist nur eine Art gibt, kann die Gestalterin die Blütezeit durch frühe, mittelfrühe und späte Sorten enorm verlängern und verfeinerte Pflanzenbilder schaffen. Eine bewährte Schichtung beginnt oft schon im Februar mit der kleinen, cremeweißen Trompetennarzisse 'W. P. Milner', gefolgt von der mehrblütigen Jonquille 'Sailboat', die zum Ende der Blütezeit fast Reinweiß wird. Im Mai holt sie Narzisse 'Pueblo' ein. Das wiederum passt zu den *Alba*-Formen von Tränendem Herz *(Dicentra spectabilis)* und ein- bis zweijährigem Judassilberling *(Lunaria annua)*. Später rollen sich Farne und Funkienblätter auf, die sich im Herbst noch einmal schön färben. Alie Stoffers Anspruch lautet schließlich, es müsse in jedem Beet mehr als ein Fest im Jahreslauf geben.

Alies Privat- und Schaugarten »De Tuinerie«

Abfolge von Gartenzimmern mit farblichen Schwerpunkten

LEGENDE
1 Küchengarten
2 Wasserbecken mit Weißem Garten
3 Waldgarten
4 Purpurrotes Beet

GRÖSSE
1250 m² (Anfangszeit)

BESONDERE KENNZEICHEN
* Einzelne Gartenzimmer mit speziellen Farbthemen.
* Zwiebel- und Knollenpflanzen als Vorhut und Begleiter in den Beeten.
* Gestalten mit dekorativen Gemüsepflanzen im Küchengarten.

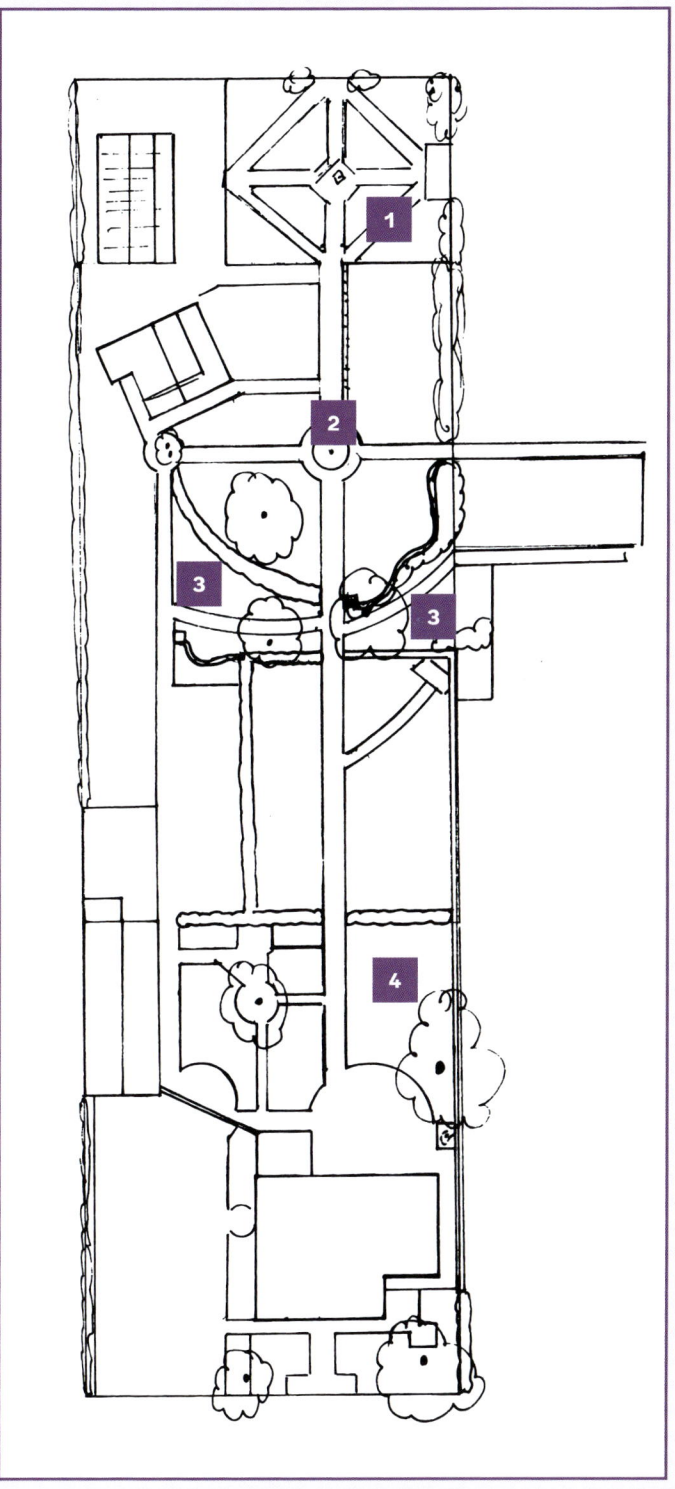

Gärtnern in Etagen

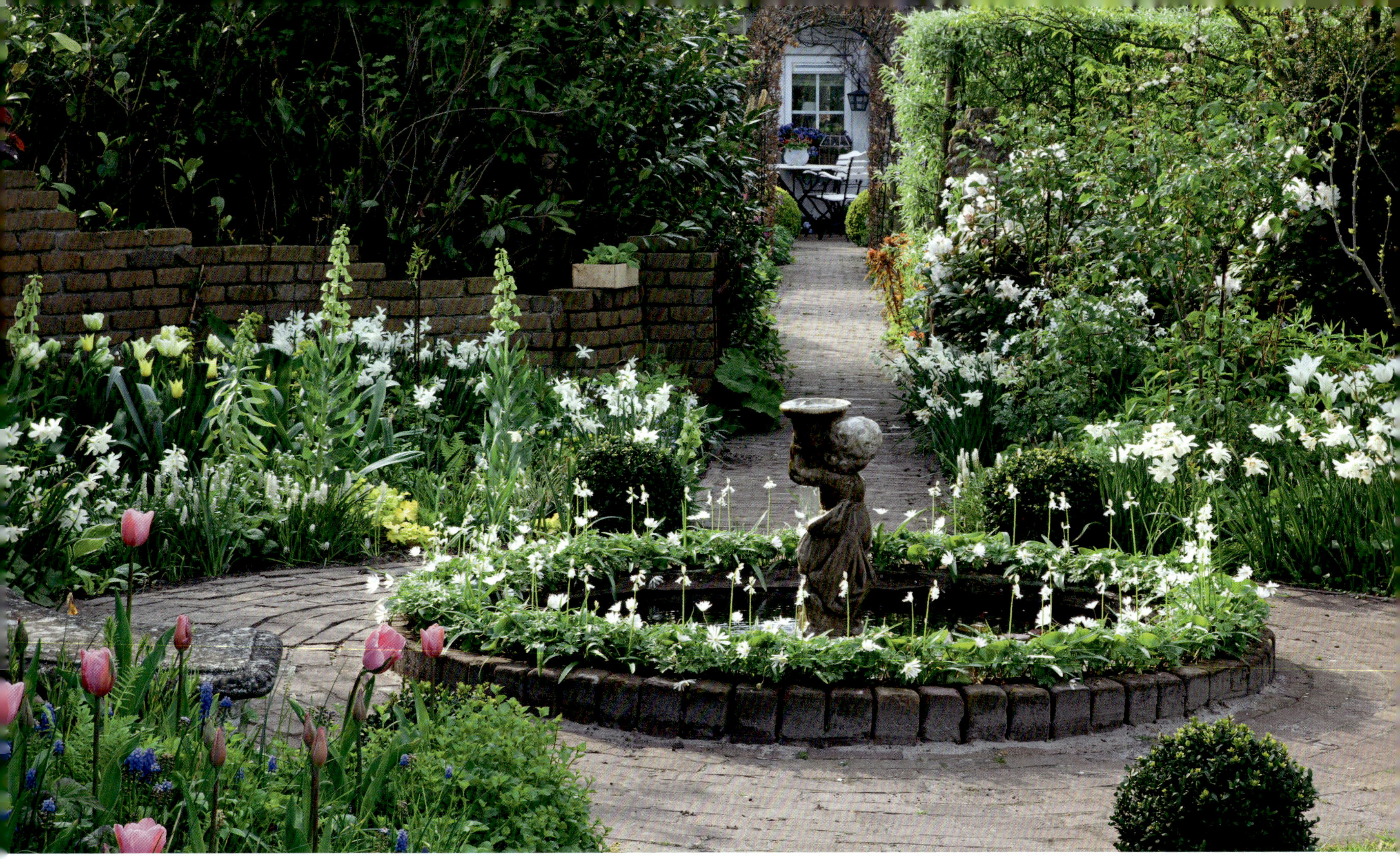

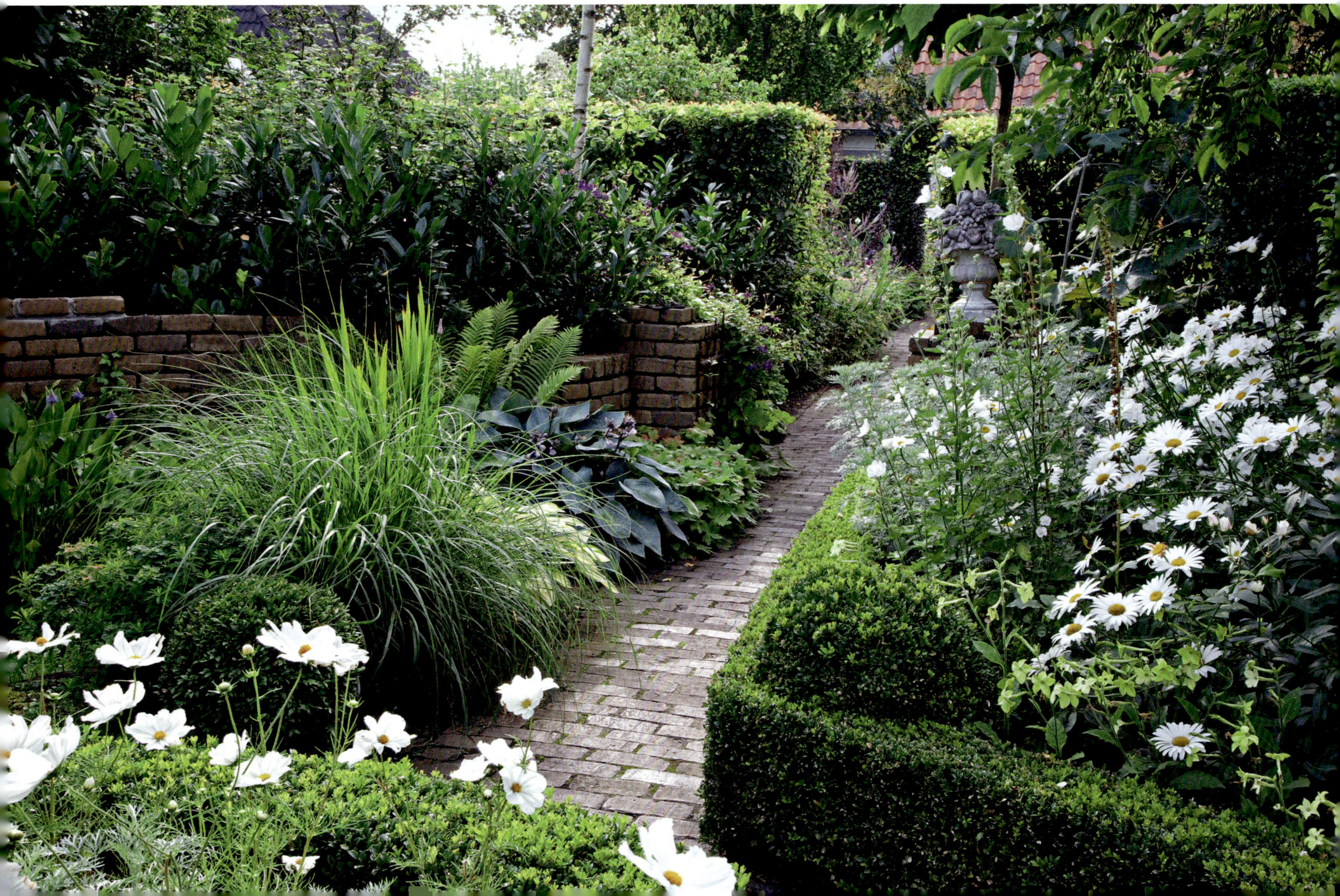

Linke Seite oben: Um das Wasserbecken ist der Blumenrand aus drei Schichten aufgebaut: Aus einem Blätterteppich von Haselwurz *(Asarum europaeum)* erheben sich bereits ab Februar weiße Strahlenanemonen 'White Splendour', die im Mai von Hasenglöckchen 'Alba' *(Hyacinthoides non-scripta)* abgelöst werden.

Linke Seite unten: Jahreszeitlich setzt der Schichtwechsel mit Blattschmuckstauden ein, die wie Funkien und Farne das halbschattige Eck begrünen. Wo es sonniger ist, können Tulpen und Narzissen auch von Prachtstauden wie Margeriten abgelöst werden.

Rechts oben: Auf Stühlen müssen nicht immer nur Gartenbesucher Platz nehmen. Als begeisterte Topfgärtnerin nutzt Alie Stoffers jede Stellfläche. In Gefäßen lässt sich das Farbthema »Weiß« saisonal auswechseln.

Rechts unten: Ein eingespieltes und erprobtes Team sind weiße Traubenhyazinthe 'Album' *(Muscari botryoides)* und die weißblühende Sorte des Kaukasusvergissmeinnichts 'Mr. Morse' *(Brunnera macrophylla)*. Sie verwildern mit den Jahren.

Gärtnern in Etagen

Linke Seite oben links: Im Küchengarten zeigt gelbstieliger Mangold zu Tagetes, dass Gemüse ebenso dekorativ wie Sommerflor sein kann. In der Mischkultur stärken sich die Gewächse zudem gegenseitig und halten sich Krankheiten vom Leibe.

Linke Seite unten links: Tulpen finden auf kleinstem Raum Platz. Selbst aus dem Zinkeimer lässt Alie Stoffers sie sprießen. Hinten leuchtet die purpurrote Rabatte durch.

Linke Seite oben rechts: Wo die Sonne den Waldgarten am lichten Wegessaum erhellt, sind Fingerhüte (Digitalis purpurea) zu Hause. Die herzförmigen Blätter der Blaublattfunkie bilden einen manschettenartigen Übergang vom schattigeren Bereich zum Gartenweg.

Linke Seite unten rechts: Im Küchengarten wird das Farbthema Blauviolett-Rot fortgesetzt. Grünkohl 'Red Bor' eignet sich dazu ebenso gut wie dunkellaubige Dahlien oder Lollo-rosso-Salatköpfe.

Oben: Im Terrassengarten schafft es die Rambler-Rose 'Paul's Himalayan Musk' bis zu den Schlafzimmerfenstern. Alle drei bis vier Jahre wird sie komplett vom Dach genommen und stark zurückgeschnitten.

Gärtnern in Etagen

»Du brauchst Pflanzen, auf die du dich verlassen kannst. Zwiebel- und Knollenpflanzen gehören dazu.«

ALIES STOFERS IM GESPRÄCH

Holland ist das Land der Zwiebelblumen. Was können wir von Ihnen lernen?
Die Dimensionen: Wir denken nicht in Zwiebelpackungen von 10 oder 20 Stück, sondern in Hunderten. Im Park Keukenhof werden jedes Jahr 7 Millionen Bollen gesetzt, sehr dicht zusammen. In meinem inzwischen rund 2000 Quadratmeter großen Garten bringe ich jeden Herbst 10.000 Zwiebeln ein, dazu kommen die wiederkehrenden Zwiebelblumen von den Vorjahren.

Und Sie setzen jede Zwiebel mit dem Zwiebelboden nach unten und der Spitze nach oben?
Da würde ich nicht fertig werden. Ich streue die Bollen aus, wie beim Säen, und wo sie liegen, setze ich sie ein, wie es kommt. Das gilt übrigens auch für die Tiefe. Sie können sie ruhig tief setzen. Zwiebeln haben einen Kompass.

Ihre Zwiebelblumensaison dauert von Ende Januar bis Ende Mai. Wie schaffen Sie das?
Mit der Lasagne-Methode. Ich staple die Zwiebelblumen übereinander. Oben liegen die kleinsten, wie Schneeglöckchen, die auch am frühesten blühen. Unten die großen Bollen der späten Tulpen.

Sie haben einen eigenen Tulpen-Mix entwickelt. Für welche Situationen?
Im »Tuinerie-Mix« sind die frühe Triumph-Tulpe 'Negrita' in einem dunklen-purpurfarbenen Ton und die mittelfrühe Triumph-Tulpe 'Shirley' in elfenbeinweiß mit schmalem purpurfarbenem Rand mit der späten, tief-schwarzbraunen 'Queen of Night'. Diese Mischung passt in alle Beete mit Purpurtönen. Großflächig sieht es sehr natürlich aus mit dem dunkellaubigen Wiesenkerbel 'Ravenswing' *(Anthriscus sylvestris)*. Pro Quadratmeter rechne ich einen Wiesenkerbel und 12 Tulpenzwiebeln. Der Tuinerie-Mix eignet sich auch für Töpfe.

Sie sagen, Tulpen in Töpfen sind ein großes Fest. Warum?
Wenn sie im Topf blühen, gleichen sie einem Blumenstrauß und ziehen die Aufmerksamkeit auf sich. Jeder beliebige Platz im Garten lässt sich damit bereichern. Neue Kombinationen teste ich gern vorab im Topf. So kam ich auf ein Ensemble von Tränendem Herz 'Valentine', der gefüllten Päonienblütigen Tulpe 'Carnaval de Nice' (gefüllte, späte *Tulipa*) und weißer Strahlenanemone 'White Splendour'. Das war schon im Topf eine Wucht. Im Herbst habe ich die Stückzahlen aufs Beet hochgerechnet, und 24 *Dicentra*, 100 Tulpen und 150 Strahlenanemonen ins Farnbeet gesetzt.

Ist Topf-Zwiebelgärtnern anders als Zwiebelgärtnern im Beet?
Die Lasagne-Methode klappt in Töpfen oft nicht, weil die Gefäße über Winter zu nass werden.

Bei Ihnen sehen die Besucher aber wunderschöne Topf-Kombinationen von Tulpen, Narzissen oder Hyazinthen in einem Frühlingsflor von Hornveilchen. Wie gelingt das?
Die Töpfe müssen trocken stehen. Deshalb rücke ich sie unter die Veranda. Kälte ist nicht das Problem, aber Nässe. Ich wässere die Töpfe nur beim Pflanzen durchdringend. Danach fast nicht mehr.

Und das machen die Hornveilchen mit?
Sie sehen über Winter wirklich nicht gut aus. Aber sie halten durch. Sobald sich der Frühling ankündigt, stelle ich die Töpfe wieder unter freien Himmel und beginne bei Bedarf zu gießen. Hornveilchen haben zwei große Vorteile: Sie bedecken den Boden im Topf, was ein Schutz ist, und sie sind der perfekte Begleitflor für Frühlingszwiebelblumen in Töpfen.

Verraten Sie Ihre Lieblingskombination?
Weiß-blaue Töne bei den Zwiebelblumen, zum Beispiel *Triandrus*-Narzisse 'Thalia', und ein Blau-Weiß-Mix von Traubenhyazinthen aus der Magic-Reihe *(Muscari aucheri)* zu Hornveilchen in tief violettblauen Blütenfarben. Ein Traum sind die zarten Gelbtöne. Dazu mische ich zitronengelbe *Viola* mit Narzisse 'Segovia' und Tulpe 'Sweet Heart'.

Später im Jahr arbeiten Sie viel mit Dahlien. Warum?
Sie blühen über einen langen Zeitraum in fantastischen Farben. Im Beet sind sie besser als Rosen. Man muss nur rechtzeitig Stützringe aufstellen, etwa Anfang Juni.

Wie ziehen Sie die frostempfindlichen Knollenpflanzen heran?
Um den 1. März setze ich die Knollen sehr flach in Töpfe und ziehe sie auf Heizmatten im Glashaus heran. Die Erde muss warm sein. Ende Mai, wenn die Dahlien etwa 60 Zentimeter hoch getrieben sind, sind sie so robust, dass es keine Schneckenprobleme gibt.

Zur selben Zeit blühen Lilienblütige Tulpe 'White Triumphator', die grün gestreifte *Viridiflora*-Tulpe 'Spring Green' und Tränendes Herz 'Alba' *(Dicentra spectabilis)*. Für den Sommeraspekt treibt bereits die Eichenblättrige Hortensie *(Hydrangea quercifolia)* durch.

Belgien

EIN KÖNIGREICH GRÜNER IDEEN

Schon allein durch seine geografische Lage im Herzen Europas hat Belgien Berührungspunkte mit vier großen Gartennationen. Mit den Niederlanden verbindet weite Teile des Landes eine gemeinsame Geschichte. Gartenhistorisch sei nur an den flämischen Doktor Carolus Clusius erinnert, der als Erster die Tulpe in Europa kultivierte (ab 1593), und als Vater aller schöner Gärten bezeichnet wird.

Viele Ideen kamen aus dem Westen über den Ärmelkanal. Von den Engländern lernten die nach allen Seiten offenen Gartenkünstler nicht nur, großzügige Landschaften zu gestalten. Sie begriffen auch, dass Pflanzen am charakterstärksten in Erscheinung treten, wenn sie wie in der englischen Staudenrabatte in großen Mengen eingesetzt werden. Doch während die Angelsachsen sagen, für sie sei der Garten ein Ort, wo der Mensch seinen Platz in der Natur sucht, halten es die Belgier mit ihrem Landsmann René Pechère. In seinem Vermächtnis *Grammatik der Gärten* schrieb der belgische Garten- und Landschaftsarchitekt 1995: »Der Garten ist der Ort, an dem der Mensch seinen Platz in der Natur kenntlich macht.«

Das war mit den barocken Elementen französischer Schule besonders eindrucksvoll möglich. Bereits, als die Idee des Labyrinths aus Frankreich eingeführt wurde, verstanden es die Importeure, daraus eine Mode zu entwickeln. Mit gestutzten Hecken war es nicht anders.

Struktur zu schaffen, geschieht häufig über Formschnitt. In der zeitgenössischen Gartengestaltung entstand daraus ein holländisch-flämischer Stil. Während normaler Hecken- und Gehölzschnitt dazu dient, einen Kontrast zwischen Formalem und Informalem herauszuarbeiten, gehen die Belgier einen Schritt weiter. Schnittgeeignete Gehölze werden zu skulpturalen Flächen überformt. Konturen, die ein Gehölz vorgibt, werden nachempfunden. So entstehen avantgardistische Gartenlandschaftsbilder. Ein bisschen ist das wie Stillleben und Landschaftsgemälde zugleich. Grenzen zwischen Garten und Umgebung werden überwunden, indem die vegetabilen Mauern wolkige Umrisse und Linienzüge einer Landschaft annehmen. Gleichermaßen werden Beete zu Stimmungsbildern.

Den räumlichen Gärten mit Pflanzen Lebendigkeit einzuhauchen, ist ein besonderes Anliegen der weiblichen Gartengestaltung. Eine der wenigen professionellen weiblichen Vorbilder verkörpert Brigitte de Villenfagne, wenn sie sagt: »Ursprünglich Struktur und Ort der Ruhe, sollte der Garten hier und da und gemäß der Jahreszeiten blumenstraußartig aufblühen.« Denn das sei es, was einem Garten seine Tiefe und eine Seele gebe. Dem modernen Garten wieder eine Form der Poesie einzuhauchen, gelingt vor allem den weiblichen Gartengestaltern. Auch sie bedienen sich dabei der Formensprache dendrologischer Kostbarkeiten. Belgien ist bekannt für seine reiche Auswahl an Gehölzen. Mit dem Arboretum Kalmthout gibt es einen bemerkenswerten Park, dessen Besitzerin Jelena de Belder große Strahlkraft auf die belgische Gartengestaltung hat. Nirgendwo wird so raffiniert mit Licht und Schatten gespielt wie in Gärten, deren Baumkronen und Silhouetten den Sonnenstrahlen eine Bühne geben. Da ist sie wieder, die künstlerische Ausstrahlung der flämischen Maler des 17. Jahrhunderts.

Dina Deferme

DER ROMANTISCHE GARTEN

Die Ermutigerin

Dina Deferme ist eine der bekanntesten Garten- und Landschaftsarchitektinnen Belgiens. Die wohltuende Romantik ihrer Anlagen spricht vielen Gartenbesitzern aus der Seele. In ihrem privaten Schaugarten lässt sich die Balance zwischen architektonischer Raffinesse und pflanzlicher Opulenz erleben.

Das Überraschende hat in Dina Defermes Leben viele Gesichter. Bewusst wird ihr das zum ersten Mal, als ihr Dozent der Garten- und Landschaftsarchitektur den legendären Satz spricht: »Versucht, zu überraschen.« Einen Garten so anzulegen, dass er Schritt für Schritt entdeckt werden muss und nicht auf einen Blick überschaubar ist, wird ihr Leitmotiv. Vorhersehbar ist es dagegen von Anfang an, dass die pflanzenbegeisterte Belgierin beruflich etwas mit Garten machen wird. Wie ihr Vater, mit dem sie den elterlichen Garten freiwillig pflegt, und die Großmutter, in deren Blumengarten die beiden die schönsten Sträuße pflücken, gehört sie zur Spezies der *Groene Vingers,* was schon rein sprachlich mehr bedeutet, als nur einen grünen Daumen zu haben. Überrascht zeigt sich ihr Umfeld dann aber doch. Was studiert Dina in Gent?

In den 1980er-Jahren können sich viele unter dem Beruf des Garten- und Landschaftsarchitekten nichts vorstellen. Noch dazu wagt sich die Belgierin in eine Männerdomäne. »Mit 80 Leuten haben wir angefangen«, sagt Dina. »Darunter waren sieben Frauen. Durchgehalten haben 21.« Eine der zwei Frauen, die am Ende ihr Diplom erfolgreich abschließen, ist sie. Das Praxisjahr absolviert sie bei einem namhaften Architekturbüro im Garten-Landschaftsbereich in Frankfurt. Der Chef zeichnet seine Pläne von Hand, zieht Linien ohne Lineal. »Das hat mich beeindruckt«, sagt Dina. Bis heute arbeitet sie nach alter Tradition: »Der Plan sitzt immer schon fertig in meinem Kopf, nachdem ich einen Garten gesehen habe.« Das müsse sie selber aufzeichnen und könne es unmöglich dem Computer überlassen.

In Dinas Brust schlägt auch das Herz einer Künstlerin. Die Landschaftsarchitektin beginnt ein Abend- und Wochenendstudium der Malerei an der Staatlichen Akademie für Schöne Künste in ihrem Wohnort Hasselt. Ein Fach ist Farbenlehre. Das nützt ihr in der Gartengestaltung: »Verwendet man eine Farbe zu häufig und mit einer zu geringen Zahl an unterschiedlichen Schattierungen, führt das zu einem eher langweiligen Ergebnis.« So geschult, greift Dina auf Farben zurück, die die gleichen Pigmente enthalten. Violett, Rotviolett und Lila werden zu ihren bevorzugten Farben in Staudenkompositionen.

Vorherige Doppelseite: Hinter den Pferdekoppeln erstreckt sich der im Stil eines Landschaftsparks angelegte Bereich um den Teich. Die großzügigen Pflanzinseln am Wasserrand beherbergen so ausgefallene Wildpflanzen wie Alpen-Milchlattich *(Cicerbita alpina)*, dessen Samenstände noch attraktiv aussehen. In der Blütezeit wird er von Prachtspiere 'Superba' *(Astilbe chinensis* var. *taquetii)* im Spätsommer abgelöst.

Die Art, wie Dina Deferme Gärten gestaltet, ist neu in Belgien. Sie nennt es romantische Gärten, schreibt ihr erstes Buch darüber und wird erst einmal belächelt. Noch ist die Zeit der sachlichen Architektursprache. Heute passiert es ihr öfter, dass sie die von Struktur geprägten Wirtz-Gärten farbiger gestalten soll. »Leute bitten mich, wieder Staudenbeete mit blühenden Pflanzen in die minimalistischen Designergärten zu integrieren«, erzählt Dina. »Die besten Gärten haben als Basis eine starke Linienführung«, lautet ihr Credo. Doch im Mittelpunkt stehen für sie immer die Pflanzen: »Die Kunstform des Gärtnerns und Entwerfens von Gärten ist eine der kompliziertesten, weil wir mit lebendem Material arbeiten, der Garten sich im Laufe der Jahre entwickelt und ständig neue Pflanzen auf den Markt kommen, mit denen sich aufregende und kreative Kombinationen ergeben.« Ihr freundschaftlicher Kontakt zu zahlreichen Züchtern und Staudengärtnern in Holland und Belgien hilft ihr dabei, die besten Sorten auszuwählen. Züchter kommen mit Neuheiten zu ihr und sagen: »Ich habe da einige interessante Stauden, probier sie mal aus und sag uns, wie du sie findest.«

Ihre Expertise ist gefragt. Sie legt den Privatgarten von Belgiens bekanntestem Gartenprogramm-Moderator an. Die Umsetzung wird Schritt für Schritt verfilmt. Häufig ist Dina dabei und im Fernsehen zu sehen. Der Moderator geht in die Politik. Dina wird überredet, das Gartenprogramm fortzuführen. Vier Jahre *Groene Vingers* machen die Gartengestalterin in ganz Belgien bekannt. Ein Autounfall mit schweren Verbrennungen wirft sie aus der Bahn. Wie soll sie die mehr als 30 Operationen überstehen? Als auch noch ihr Freund erkrankt, ist das selbst für die Frau mit dem sonnigen Gemüt zu viel. Sie zieht sich zurück und schottet sich mit ihrem Lebenspartner ab. 1990 kommt der Wendepunkt. Ein Garten holt sie ins Gestalterleben zurück. Dina und ihr Freund Tony finden ein Haus mit 4 Hektar Grund in ländlicher Umgebung. Durch den Garten schöpfen beide wieder Mut und Kraft. Sie entwirft, er setzt die Pläne um. Es soll der meistbesuchte Garten Belgiens werden. »Ich glaube, ich habe das Talent bekommen, schöne Gärten zu gestalten, um anderen zu helfen, das gleiche Glück zu erfahren, das mir der Garten schenkt«, meint Dina. Neben der gestalterischen Seite des Gartens hat sie damit seine überraschend tröstliche entdeckt.

Dinas Geheimnisse

WIE BRINGEN SIE WOHLTUENDE RUHE IN EINEN GARTEN?

Wiederkehrende Elemente bringen Ruhe in das Gesamtbild. Das kann der Rhythmus von Bäumen sein oder Ziergräser, die ich in regelmäßigen Abständen setze. Farbtupfer und auffällige Staudensorten lasse ich an verschiedenen Stellen wieder auftauchen.

WAS IST DAS ARCHITEKTONISCHE GEHEIMNIS IHRER GARTENGESTALTUNG?

Ich achte darauf, dass die Linien senkrecht zum Haus verlaufen. Die Form des Grundstücks macht das mitunter schwer. Dann nehme ich die Pflanzen zu Hilfe. Manchmal muss ich einfach nur etwas hinter einer hohen Hecke verstecken oder mit Stauden kaschieren.

WIE SCHAFFEN SIE ES, DASS IHRE HARMONISCHEN PFLANZKOMBINATIONEN FUNKTIONIEREN?

Häufig werden Pflanzen zu dicht nebeneinander gesetzt und ersticken sich über kurz oder lang gegenseitig. Die meisten Stauden sind erst nach drei Jahren ausgewachsen. Bevor ich aus dem überwältigenden Angebot an Pflanzen Sorten in meinen Beeten einsetze, teste ich sie. In Wartebeeten, speziell für die Sichtung reservierten Parzellen in meinem Garten, beobachte ich ihre Eigenschaften und beurteile sie in ausgewachsenem Zustand. Obwohl meine Beete zum Bersten voll aussehen, passt daher eins zum anderen.

Der romantische Garten   131

Dinas Grundlage – Architektur und Pflanze vereinen

Dina Deferme sucht in ihren Gärten Ruhe und Beschaulichkeit. Unser Alltagsleben sei hektisch genug, findet die Gestalterin und setzt einer künstlichen Welt des Getriebenseins die ausgleichende Wirkung lebendigen Grüns entgegen. Obwohl die Pflanzen im Mittelpunkt stehen, fängt alles mit der Struktur an. Eine starke Linienführung definiert in ihren Plänen den Freiraum und weist den einzelnen Gartenbereichen ihre Funktion zu. Hecken und Mauern übernehmen darin die strukturierende Aufgabe.

In ihrem eigenen Garten achtet die Gestalterin auf akkurat geschnittene Hecken. Klare Konturen bilden einen bewussten Kontrast zu den natürlich anmutenden Beeten. Für den ruhigen Hintergrund einer Rabatte wählt sie immergrüne Formschnittgehölze wie Eibe. Das geschlossene Erscheinungsbild der dichten Kulisse in beständigem Dunkelgrün steigert die Farb- und Formwirkung der Beetpflanzen. Ihre einfassenden Hecken vergleicht Dina Deferme mit den Tapeten im Wohnzimmer. Diese würden so ausgewählt, dass sie zu den Möbeln passen. Mit der gleichen Sorgfalt gelte es, die »grünen Tapeten« auf die »Einrichtung« in den Beeten abzustimmen. Je nach Charakter der Pflanzen bieten sich Hainbuche und Kornelkirsche an oder immergrüne Schnittgehölze wie besagte Eibe, Liguster, Buchs und die noch wenig bekannte Duftblüte *(Osmanthus)*.

Die gleiche Aufgabe übernehmen Rasenflächen. In Dina Defermes weitläufigem Garten sind sie wie der Teppich im Wohnraum zwischen den Pflanzinseln ausgerollt und gönnen dem Auge Ruhe. Die rustikalere Form des grasigen Grüns liegt mit einer Pferdeweide in der Mitte des Grundstücks. Wie alle Elemente in der Gartengestaltung der Landschaftsarchitektin hat die Koppel eine praktische und eine ästhetische Funktion. Die ehemalige Reiterin liebt Tiere und schätzt ihre beruhigende Ausstrahlung auf den Betrachter. Die Notwendigkeit, einen Auslauf für die eigenen Tiere zu schaffen, hat sie mit dem Gestaltungstrick verbunden, zwei dominante Gartenteile räumlich zu trennen. Auf der einen Seite der Koppel liegt der kontrastreiche blau-gelbe Garten. Auf der gegenüberliegenden Seite schließt sich der Teichgarten an. Um von einem Teil in den anderen zu gelangen, spaziert der Besucher zwischen den Zäunen entlang. Durch die Distanz ist der Überraschungseffekt umso größer, erneut auf einen stimmungsvollen Gartenbereich mit ganz anderen Farben zu treffen. Dina Deferme weiß, dass eine Pflanzgruppe umso mehr Pflanzen enthalten muss oder umso markanter gestaltet sein muss, je weiter weg der Betrachter steht. Da die Farbtupfer des blau-gelben Gartens auch umgekehrt vom Teich aus zu sehen sein sollen, sind die einzelnen Sorten hier sehr flächig gepflanzt.

Über das Volumen steuert die Gestalterin die Wahrnehmung und damit die Stimmung des Gartens. Im Innenhof laufen die Besucher quasi durch die Bepflanzung hindurch. So nah am Geschehen, hat Dina Deferme die Gewächse hier in kleineren Gruppen angeordnet. Romantische Gartenidylle erreicht die Pflanzenkennerin, indem sie das Schwelgen in Fülle ermöglicht. Zum einen verwendet sie dazu eine breite Palette an Pflanzen. Denn ihrer Erfahrung nach wird ein Garten umso romantischer, je mehr unterschiedliche Sorten miteinander kombiniert werden. Zum andern vermeidet sie Lücken. Seit 20 Jahren experimentiert die Staudenfreundin mit Arten und Sorten, die während der ganzen Saison ihr Laub schön behalten. Manche Pflanzen setzt sie nur aufgrund ihres Blattwerks ein. Pflanzen mit großen Blättern nutzten sie im vorderen Beetteil, um Tiefe zu suggerieren.

So, wie sie ihre Pflanzungen rahmt, stellt Dina Deferme auch ihre Terrassenplätze in einen grünen Kontext. Die umpflanzte Terrasseneinfassung ist zu einem stilbildenden Element ihrer Gärten geworden. Stets rückt sie den üblicherweise direkt am Haus angelegten Sitzplatz ein Stückchen von der Architektur weg. Das gibt ihr die Möglichkeit, den erweiterten Wohnraum mit blühenden Beeten zu beleben und den Gartenbesitzern das Gefühl zu geben, im Grünen zu sitzen. Das wirkt ruhig und beschaulich.

Dinas Privatgarten

Landschaftsgarten mit romantischen Hausgartenbereichen und stimmungsvollen Staudenrabatten

LEGENDE
1 Innenhof mit Sitzplatz und Rabatten
2 Blau-gelber Garten
3 Pferdekoppel
4 Teichlandschaft

GRÖSSE
40.000 m²

BESONDERE KENNZEICHEN
* Terrasse als stilbildendes Element, eingerahmt von üppigen Staudenrabatten.
* Sortenvielfalt in den Beeten kontrastiert mit beschnittenen Hecken.
* Getrimmte Heckenflächen, teils nur bis auf Kniehöhe als Umrahmung eingesetzt.

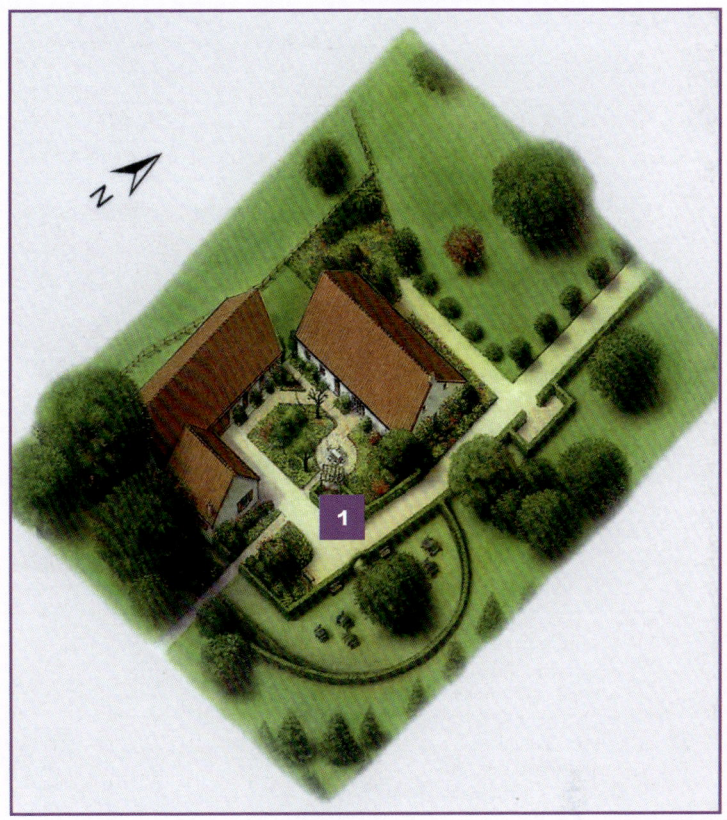

Der romantische Garten

Linke Seite: Kopfweiden passen auf dem frisch-feuchten Boden nicht nur vom Standort her perfekt. Sie strukturieren und geben die Linienführung für ein gemischtes Beet von Schneeball-Hortensie 'Annabelle', Farnen, Funkien und Prachtspieren vor. Sie werden alle drei Jahre im Spätwinter bis auf Aststummel zurückgeschnitten.

Oben links: Ein Kopfsteinpflasterweg führt im Innenhofgarten zum Terrassensitzplatz. Dina Deferme rückt die zentrale Terrasse immer ein Stück vom Haus weg, um sie mit Staudenbeeten einrahmen zu können.

Oben rechts: Im blau-gelben Garten treffen cremegelbe Färberkamille 'Sauce Hollandaise' (Anthemis tinctoria) auf blaublütige Stauden wie Salbei 'Caradonna' (Salvia nemorosa) und Katzenminze 'Bramdean' (Nepeta-Hybride). Hinter der blauen Woge nimmt der Blassgelbe Klee (Trifolium ochroleucum) das sonnige Farbzepter wieder in die Hand.

Der romantische Garten

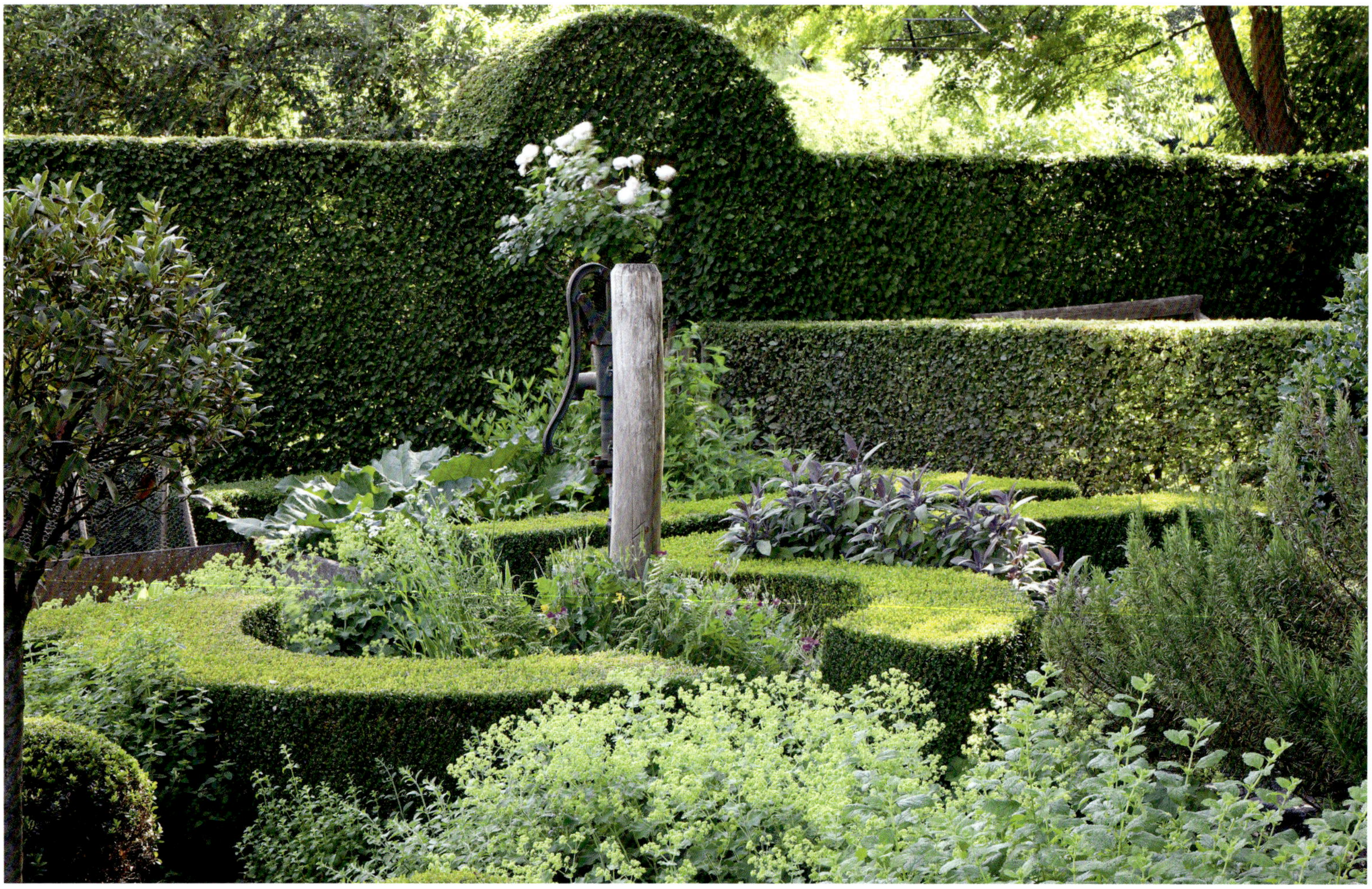

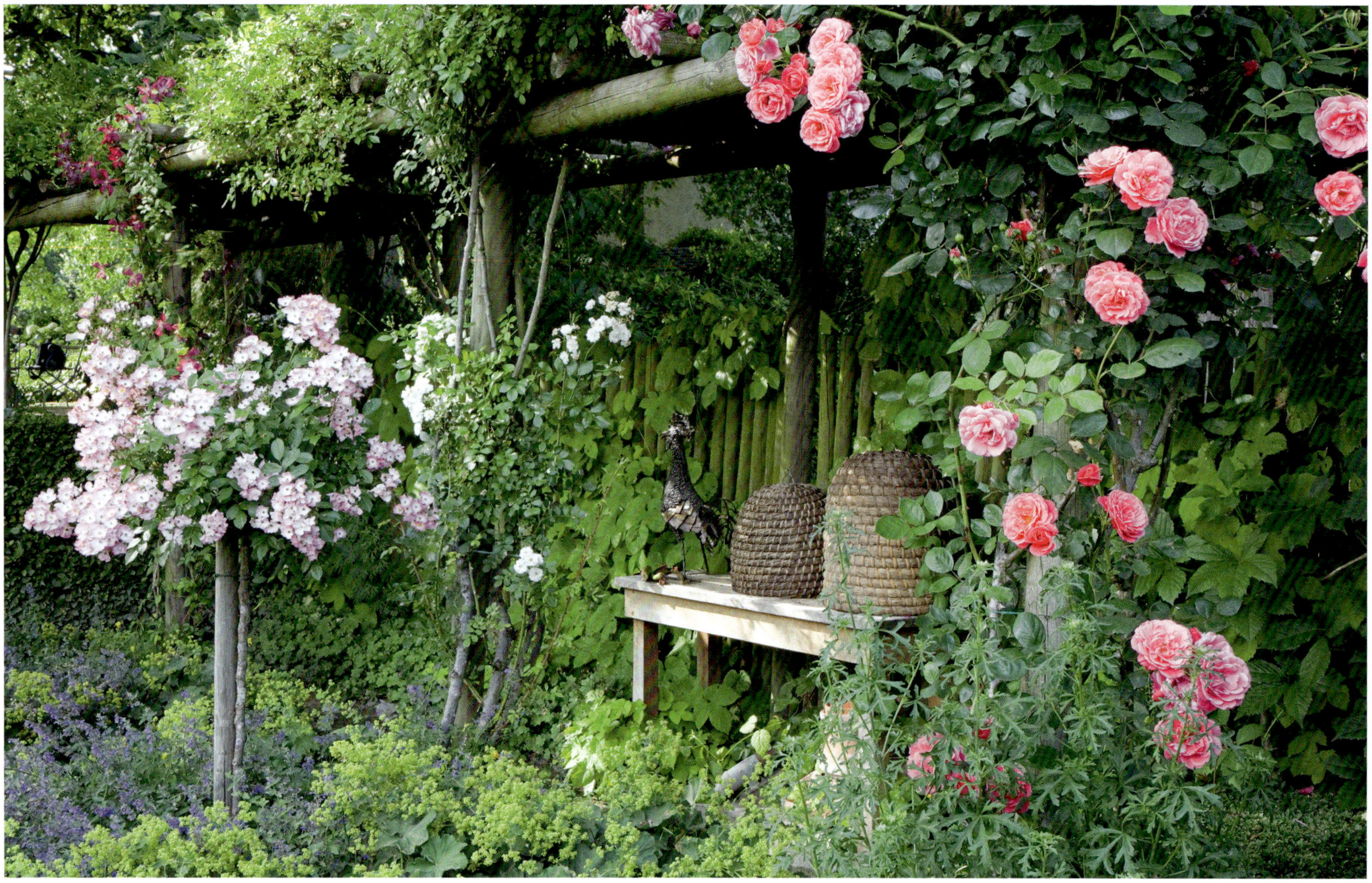

Linke Seite oben: Formschnitthecken geben dem Kräutergarten einen klaren Rahmen. In Anlehnung an traditionelle Kloster- und Bauerngärten bildet der Brunnen mit Handschwengelpumpe den Mittelpunkt.

Linke Seite unten: Zum Kräutergarten gehört auch die seitliche Pergola, an der sich die Kletterrose 'Pink Perpétue' aufschwingt, die alten Bienenkörbe blumig einzurahmen. Unter einem Rosen-Hochstämmchen bleibt Platz für einen Hofstaat aus Katzenminze und Frauenmantel.

Oben: Bänke laden überall im Garten zum Verweilen ein. Um sie lauschig zu gestalten, wurde die Pergola darüber berankt. Dina Deferme testet die schönsten Rosen-Clematis-Kombinationen aus. Zu ihren Favoriten zählt das linke Duo von Clematis 'Étoile Violette' und Kletterrose 'Coral Dawn'.

Der romantische Garten

»Gärtnern bedeutet, fachlich kompetent mit dem Pinsel der Fantasie zu malen.«

DINA DEFERME IM GESPRÄCH

Sie sind überzeugt, dass ein Garten im Basisentwurf Symmetrie braucht. Warum?
Symmetrie hat eine beruhigende Wirkung. Gleichzeitig baue ich durch eine solide Struktur einen Kontrast zwischen Elementen der Ruhe und meinen üppigen Rabatten auf. Die Beete kommen dadurch besser zu ihrem Recht.

Sie sprechen von kreativer Symmetrie. Was meinen Sie damit?
Als Gartenarchitektin strebe ich nach Ausgewogenheit. Ich will aber nicht nur Rhythmus in einen Entwurf einbauen, sondern auch Spannung. Das erreiche ich beispielsweise durch eine kreative Symmetrie. Ich erzeuge keine perfekten Spiegelbilder, sondern spiegele nur bestimmt Elemente. Das können Kugeln oder andere Pflanzenschnittformen bei einem Eingang, Durchgang oder in einer großen Rabatte sein. Auch wiederkehrende Farbtupfer oder Pflanzengruppen in unterschiedlichen Abständen erzeugen die Konstante einer kreativen Symmetrie. Ebenso findet sie sich auf der Terrasse wieder, wenn ich mit dem Muster des Pflasters spiele oder in der Einrichtung mit Möbeln und Ornamenten.

Ornamente stellen Sie häufig symmetrisch auf. Welche Bedeutung haben sie in der Gestaltung?
Sorgfältig ausgewählte und eingeplante Ornamente sollten immer nur eine nachgeordnete Rolle spielen. Sie akzentuieren. Die eigentliche Attraktivität verdankt ein Garten einer soliden Gestaltung und wohldurchdachten Auswahl an Pflanzen. Indem ich Bänke, Töpfe, Vasen oder Figuren symmetrisch aufstelle, erzeuge ich eine beruhigende Wirkung.

Zu Ihren stilbildenden Elementen zählen Schnitthecken. Was sind Ihre Tipps zum Schnitt?
Schneiden Sie nie bei starkem Sonnenschein, sondern warten Sie lieber einen bedeckten Tag ab. Vor allem bei Buchsbaum, aber auch bei Heckenkirschen halte ich die Erde vor und nach dem Schnitt in warmen Phasen feucht. Wir schneiden unsere Hecken drei Mal in der Saison: im Mai, bevor der Garten von Juni bis August seine Tore öffnet, ein zweites Mal im Sommer und möglichst spät im September, damit die Form bis ins nächste Frühjahr schön erhalten bleibt. Durch den häufigen Schnitt sehen unsere Hecken sehr formal aus. Die akkuraten Linien sind mir wegen ihrer Kontrastwirkung zu den natürlichen Beeten so wichtig.

Sie empfehlen, die Seitenzweige von Heckenpflanzen von Anfang an zu trimmen. Warum?
Nur so wird eine Hecke garantiert dicht. Bei Liguster und Heckenkirsche (*Lonicera nitida* 'Maigrün' und 'Elegant') ist das besonders auffällig: Lassen Gartenbesitzer sie die ersten Jahre wachsen und wollen sie später schlank schneiden, geht der Schnitt tief ins alte Holz. Dort bilden sich aber nur selten neue Triebe aus. Das alte Holz trocknet nach dem Schnitt aus und stirbt ab. Die Hecke ist nur noch im oberen Bereich grün und bleibt unten braun und unansehnlich.

Sie sind bekannt für Ihre romantischen Rabatten. Wie legen Sie ein Beet an?
Ich beginne mit einer Hecke. Ab der Hecke, die häufig das Grundstück abgrenzt, rechne ich etwa 3 Meter bis zum Mittelpunkt der Sträucher, die die hinterste Reihe bilden. Wahlweise stehen hier und da auch Bäume in der hintersten Reihe. Dabei achte ich darauf, dass ich zum Trimmen an die Hecke komme. In der Mitte des Beets plane ich höhere Gräser und Stauden als Gruppen oder Solitäre ein. Nach vorn runde ich die Rabatte mit niedrigeren Staudensorten und Bodendeckern ab.

Damit haben Ihre Beete eine Tiefe von 5 bis 6 Metern. Was machen Sie in kleineren Gärten?
Da lasse ich die hinterste Reihe Sträucher weg und füge höchstens ein paar schöne Einzelexemplare ein. 3 bis 4 Meter Tiefe müssen Sie dennoch für eine schöne Rabatte rechnen.

Sie sagen, alle Kreativität und schöne Pflanzenkombination nutze nichts, wenn der Boden nicht stimmt. Wie stellen Sie die Bodenqualität sicher?
Ich rate meinen Kunden zu einer Bodenanalyse. Meist ist der Boden zu sauer. Für viele Pflanzen kommt solch ein Boden einer leichten Vergiftung gleich. Sie können keine Nährstoffe mehr aufnehmen und leiden. Dann müssen Sie kalken. Ich frische meine Beete und den Rasen alle ein bis zwei Jahre mit Grünkalk auf. Das muss ein, zwei Wochen vor der eigentlichen Düngung passieren, weil Kalk und Dünger Gegenspieler sind und sich gegenseitig blockieren würden.

Zu den romantischen Rosen gehört die regenfeste 'Leonardo da Vinci'. Ein Rosenkavalier wie Rittersporn 'Piccolo' (*Delphinium-Belladonna*-Hybride) bringt ihren ganzen Charme zum Tragen.

Der romantische Garten

Frankreich

DIE GRÜNE SEITE DER GRANDE NATION

Wer einen typischen Vertreter der französischen Gartengestaltung sucht, denkt als Erstes an den Barockgarten, wie ihn Le Nôtre in Vaux-le-Vicomte und Versailles schuf. Das Repräsentationsobjekt gehorcht den Gesetzen einer Weltanschauung, in der die Gartenbesitzer das alleinige Sagen haben. So wie der Sonnenkönig forderte, die Natur müsse sich seinen Anforderungen unterwerfen, ist der klassische Garten ganz auf die Bedürfnisse seiner Besitzer zugeschnitten. Er macht eine Aussage. Die gestalterischen Ordnungsprinzipien gelten bis heute: Die Terrasse ist das zentrale Element. Die Fläche wird gestaffelt. Erst kommen die Schmuckbeete und Wasserspiele, dann das Boskett – jene Baumgruppen, die in die Landschaft entlassen. Von der Grundstruktur bis zum Formschnittgewächs dominieren geometrische Figuren: Quadrat und Rechteck definieren den Raum in der Horizontalen. Kegel, Kugel und Würfel stoßen in die Dreidimensionalität vor. Geometrische Präzision und Perspektive gehen eine Liaison ein. Um sie harmonisch zusammenzuführen, finden die Gesetze der Optik Anwendung. Damit alles symmetrisch erscheint, muss hier gestreckt und da verengt werden.

Verwunderlich ist es nicht, dass die naturwissenschaftliche Kunst der Gartengestaltung vor allem männliche Garten- und Landschaftsarchitekten hervorbrachte. Auf dem Gartenfestival in Chaumont-sur-Loire ist das anders. Hier stellen viele junge Talente aus, die sich häufig in interdisziplinären Gruppen zusammenschließen oder gleich zusätzlich in irgendeiner künstlerischen Richtung arbeiten. Seit 1992 wird dem Publikum jedes Jahr auf 30 Parzellen à 250 Quadratmeter experimentelle Gartengestaltung präsentiert. Als eine Art Bühne wurde der französische Garten schon in der Vergangenheit begriffen. Ganz abgesehen von den Theaterstücken, die in ihm aufgeführt wurden, war er immer Ausstellungsraum von Kunst. Französische Maler wie Antoine Watteau hielten die berühmten *fêtes galantes* auf ihren Gartenveduten fest. Auf Rasenflächen lagern Damen und Messieurs in eleganten Kleidern. Wer nicht picknickt oder lustwandelt, geht einem sportlichen Vergnügen nach. Der Garten als natürlich empfundene Kulisse dient der Repräsentation. Nur in den Pavillons und verschwiegenen Rückzugsorten stand die Sehnsucht nach Privatsphäre im Vordergrund. Das führt in das Reich der französischen Gartengestalterinnen. Ihre Stärke ist nicht selten der romantische Garten.

Eine Besonderheit stellt der *jardin de curé* dar. Die Ursprünge des »Pfarrgartens« gehen auf die vielen kleinen Pfarrgemeinden in Frankreich zurück, in denen sich die Kirchenherren selbst versorgen mussten. Er war aber nicht nur Nutzgarten, in dem Obst und Gemüse heranreiften und die Blumen für den Kirchenschmuck blühten. Abgeschieden von den alltäglichen Sorgen und politischen Querelen, wurde er als Ort der Ruhe und Meditation aufgesucht. Genauso schnell konnte er im nächsten Moment zum Festplatz umfunktioniert werden oder als Raum für den Katechismus-Unterricht dienen. Häufig geriet er zum Experimentierfeld für Blumen- und Obstzüchtungen. Sein Ideal ist der Respekt für alle Lebensformen geblieben – heute Biodiversität genannt. In einem *jardin de curé* lässt sich das Savoir-vivre auf den Garten übertragen. Deshalb ist er nie aus der Mode gekommen.

Monique Chevry

DER ERHALTERGARTEN

Die Pflanzenbewahrerin

Monique Chevry hat sich in der französischen Gartenszene als Bewahrerin eines kulturellen Pflanzenerbes einen Namen gemacht, das von den berühmten Züchtungen der Lemoine-Gartendynastie bis zu Stauden aus Großmutters Garten reicht. Mit ihrer Veranstaltung Arts & Jardins setzt sie sich dafür ein, Kunst in Gärten zu fördern.

Beruflich beschäftigt sich die in Lille geborene Französin erst einmal mit Zahlen. Sie prüft Konten und erstellt Rechnungen. Als sie die Möglichkeit bekommt, ein verwildertes Gelände auf einem Wiesensüdhang zu erwerben, fällt es der Buchhalterin folglich nicht schwer, Bilanz zu ziehen: Vor 40 Jahren ist die Familie in die Heimat ihres Mannes Jean-Luc aufs Land um die lothringische Stadt Nancy gezogen. Seitdem hat sich Monique rund um das Wohnhaus mit Leidenschaft ihren Garten erschaffen. »Alles begann mit einer Passion zwischen einer Frau und dem Terroir des Gartens«, sagt die Autodidaktin.

Eine Liebe zum »verlorenen Paradies« besteht seit Kindertagen: »In meiner Erinnerung spielt der Garten meiner Großeltern, wo ich viel Zeit verbracht habe, eine große Rolle«, erzählt Monique. Den Geschmack frischer Erdbeeren und Pfirsiche vom Baum hat sie heute noch auf der Zunge. Sie erinnert sich an die Rosen und den Rasen hinter dem Stadthaus. Sie denkt an die Zierpflanzenrabatte des lang gezogenen Nutzgartens samt Hühnerstall. »Dort gab es Purpurglöckchen mit kleinen rosafarbenen Blüten, im Französischen *Désespoirs du peintre,* Hoffnungslosigkeit des Malers, genannt, und alle Arten von Blumen in flammenden Farben. Stauden, die sich für den Schnitt eigneten, ließen kein Fleckchen Erde offen. Solche Stauden wuchsen damals praktisch in jedem Garten, weil sie als Kirchenschmuck für die Sonntagsmesse gebraucht wurden«, sagt die Liebhaberin altbewährter Stauden. Die Bilder aus vergangenen Tagen sollen ihre Pflanzenwahl beeinflussen.

Das gilt auch für das pflanzliche Erbe in ihrer neuen Heimat in Lothringen. Die Gegend in und um Nancy gilt als Hotspot der Pflanzenzüchtung. Um die Wende des 19. zum 20. Jahrhundert beginnt die große Zeit gezielter Züchtungsarbeit. Große Namen und ganze Gartenbaudynastien, die Geschichte geschrieben haben, liegen vor der Haustür. Um mehr über die Pflanzen herauszufinden, »die unter den Händen von Vater und Sohn Lemoine das Licht der Welt erblickten«, sucht Monique Chevry Pierre Valck im Botanischen Garten von Nancy auf. Der Konservator lässt sie in der wertvollen Bibliothek stöbern. Gerüstet mit den Recherche-

Vorherige Doppelseite: Geometrische Konturen in Form geschnittener Buchsbäume bilden einen Kontrast zu freiwachsenden Stauden. Laubgehölze wie der Weißbunte Feld-Ahorn 'Carnival' (Acer campestre) lockern Immergrünes auf.

ergebnissen, geht die »Pflanzenjägerin« auf Entdeckungsreise nach Victor Lemoines Fingerkraut 'Vésuve' von 1867, seiner Clematis 'Étoile Rose' von 1903 und all den anderen vergessenen Schätzen. Von jeder Tour kehrt sie mit zusätzlichen Pflanzen heim, die sich seit 100 Jahren und mehr bewährt haben und angesichts einer Flut neuer Einführungen verlorenzugehen drohen. Das einst als Privatgarten angelegte Terrain wächst Stück für Stück.

1994 ergibt sich die besagte Gelegenheit, entscheidende Parzellen dazuzukaufen. Plötzlich ist ausreichend Platz da, den vielen vermehrten Pflanzen eine Kinderstube in einer eigenen Gärtnerei zu geben. Die eigenen Kinder sind längst groß geworden. Monique Chevry steht an einem Scheideweg: Soll sie in Vollzeit in den alten Beruf zurückkehren oder mit Volldampf das Hobby zum neuen Beruf machen? »Ich hatte die Wahl zwischen Stöckelschuhen und Gummistiefeln«, sagt die Frau, die längst in die Fußstapfen bekannter lothringischer Gärtnergenerationen getreten ist.

Was andere Vorreiter auf dem Gebiet historischer Rosen, Obst- oder Gemüsesorten geleistet haben, beginnt die Bewahrerin alter Kultursorten im Bereich der Stauden. Viele Kunden schätzen die Vorauswahl, die Monique mit ihrem hervorragenden Pflanzensortiment trifft, und bitten sie um eine Gestaltung. Manchmal ist ein für Frankreich so charakteristischer *jardin de curé* dabei: »Wenn es bereits entsprechend vorhandene Strukturen gibt und ein altes Gebäude mit dem Gelände verbunden ist, bietet es sich an, ihn mit Stauden zu füllen, die wir aus den Gärten unserer Großeltern kennen.«

In ihrem eigenen Garten finden sich dagegen überwiegend zeitgenössisch angelegte Gartenräume. Sie dienen unter anderem als Ausstellungsraum für diverse Kunstobjekte. Monique und ihr Mann Jean-Luc sammeln seit Langem Kunst. Jedes Jahr im Juni lädt die Schatzmeisterin des Vereins Arts & Jardins an die 30 Künstler ein, ihre Werke für ein Wochenende im Jardin d'Adoué auszustellen.

Moniques Geheimnisse

WAS IST IHR REZEPT, UM MIT PFLANZEN EINE BESTIMMTE ATMOSPHÄRE ZU SCHAFFEN?

Ich sage immer, verwendet Pflanzen, die an die Region, die Lage des Gartens und die Natur des Bodens angepasst sind. Das spezielle Ambiente ergibt sich dadurch praktisch von selbst.

WAS IST IHR WICHTIGSTER PRAXISTIPP?

Ende Juni versuche ich, das Pinzieren der Rauhblatt-Herbstastern nicht zu vergessen. Kürze ich sie um diese Zeit ein, bleiben sie gedrungener im Wuchs, kippen dadurch nicht so leicht um und verlängern die Blühsaison. Das Gleiche gilt für Prachtkerzen *(Gaura)* im August. Wenn ich sie nach dem ersten Blütenüberschwang zurückschneide, blühen sie bis zum Frost und sind solider.

WIE VERSORGEN SIE IHREN GARTEN NACHHALTIG?

Wenn ich ihn abräume, was meist nach Mitte November der Fall ist, lasse ich den überwiegenden Teil des organischen Materials an ab- und kleingeschnittenen Stängeln und Blattwerk liegen. Das ergibt eine schützende Abdeckung über den Winter und bringt entzogene Nährstoffe auf natürliche Weise wieder ein. Meinen Sträuchern packe ich alle verwelkten Blätter des Beinwells *(Symphytum officinalis)* auf die Füße: Das gibt ihnen einen Dünger erster Klasse, und das kostenlos.

Der Erhaltergarten

Moniques Gartenanspruch – bewahrend, kunstvoll und klar

Jeder Garten muss nach seinen Gegebenheiten entwickelt werden, weiß Monique Chevry. In ihrer Gestaltung respektiert und nutzt sie die Umgebung. Ihre Philosophie beinhaltet die Überzeugung, dass wir in unserem Umfeld einen möglichst behutsamen Abdruck hinterlassen sollen. In neuerer Zeit wurde der Begriff des ökologischen Fußabdrucks eingeführt, um die Nachhaltigkeit zu messen. Er beschreibt beispielsweise den Ressourcenverbrauch und eignet sich auch als Merkmal in der Gartengestaltung. Indem Monique Chevry regionale Pflanzen einsetzt, Gewächse wählt, die an den Boden und die Lage des Gartens angepasst sind, und historische Kultursorten bewahrt, betreibt sie eine Form nachhaltiger Gartengestaltung.

Pflanzen zu verwenden, die sich durch ihre Herkunft und Geschichte von der Masse abheben, kann den Wert einer Pflanzung steigern. Immer wieder spricht Monique Chevry von den *plantes du terroir*. Was Weinkenner in ihren Lieblingstropfen suchen, hat die Französin zum Markenzeichen ihrer Pflanzenauswahl gemacht. Das Terroir beschreibt eine Kombination aus Standort, Klima aber auch Kulturgeschichte, die einem Produkt des Landstrichs seinen unverwechselbaren Charakter gibt. Es ist eine Art Herkunftsnachweis. An diesem Charakter haben an ihrer Wirkungsstätte in Lothringen bedeutende Gärtnergenerationen mitgewirkt. Vor allem die Lemoines haben in Vater- und Sohngeneration das Sortiment bereichert und sind ein Begriff in der Gartenwelt. Monique Chevry greift nicht nur auf ihr Erbe zurück. Sie hat es durch die Suche nach den fast in Vergessenheit geratenen Pflanzen wieder ins Bewusstsein geholt. Häufig besitzen die historischen Sorten einen Charme, der Neuzüchtungen fehlt. Das verleiht Pflanzungen eine besondere Ausstrahlung.

Indem sie Pflanzen mit Geschichte in ihre Gestaltungen einbaut, bereichert sie den Garten um eine kulturhistorische Komponente. Pflanzen, die eine Geschichte zu erzählen haben, werden mit anderen Augen betrachtet. Wieder kann der Rebsaft als Vergleich dienen. Irgendein Wein wird einfach getrunken. Ein edler Tropfen, dessen traditionsreiche Manufaktur bekannt ist, wird dagegen genossen. Gleichermaßen verhält es sich mit den heute liebevoll als »Pflanzen aus Großmutters Garten« bezeichneten Stauden. Als Gewächse, an denen so manche Erinnerung hängt, ermöglichen sie eine sehr persönliche Art des Gartenerlebens. Sie nehmen einen weiteren Teil des Sortiments von Monique Chevry ein. Dabei hängt die patente Gärtnerin keineswegs alten Zeiten nach. In ihrer Gestaltung finden sich gleichermaßen Stauden von heute. Im Zusammenspiel von alten Bekannten und Neuentdeckungen tun sich spannende Experimentierfelder auf. Solange sie sich in den Ansprüchen an den Standort ähneln, steht einer innovativen Vergesellschaftung nichts im Weg. Die einzige Regel, die für diese Art der Gestaltung aufgestellt wird, lautet: Pflanzen verwenden, die mit den Gegebenheiten vor Ort zurechtkommen. Wer Monique Chevrys Schaugarten Le Jardin d'Adoué im Frühling besucht, wird von Akeleien-Romantik empfangen und von Glockenblumen verzaubert. Der Gedanke des Ländlich-Bukolischen ist aber nicht nur durch die Wahl entsprechender Pflanzen umgesetzt. Gen Osten hat die Gartengestalterin einen weiten Ausblick auf die angrenzende Weide mit friedlich grasenden Kühen als »Fenster« in eine ländliche Idylle offen gelassen.

Ein anderes Bild entsteht, wo ein klar abgegrenzter Gartenraum zur Ausstellungsfläche für Kunstobjekte wird. An solchen Plätzen achtet Monique Chevry darauf, dass die umgebenden Pflanzenstrukturen einfach und klar sind. Die Skulpturen sollen von Weitem sichtbar sein. In gleicher Weise, wie sie ein sehenswertes Solitärgehölz in Szene setzt, stellt sie die Kunstobjekte in den Mittelpunkt eines größeren Zusammenhangs. Ziergräser erweisen sich häufig als die besten Begleiter. Fließend vermittelt das natürliche Material zwischen Objekt und umgebender Vegetation. Einmal mehr zeigt sich darin Monique Chevrys Geschick, Gärten von Natürlichkeit und einleuchtender Serenität zu entwickeln. Im französischen *serenité* schwingen neben einer heiteren Ausstrahlung, Ruhe und Klarheit mit. Sie resultieren aus dem Einsatz von Pflanzen, die sich aus dem Kontext ergeben.

Moniques Privat- und Schaugarten mit Gärtnerei

Stauden- und Gehölzgarten im landschaftlichen Stil mit formalen Elementen

LEGENDE
1 Staudenschaubeete
2 Großes und kleines Wasserbecken
3 Laube
4 Natursteinmauer mit Staudenpflanzung

GRÖSSE
10.000 m²

BESONDERE KENNZEICHEN
* Das abschüssige Gelände ist landschaftsnah modelliert und von einem Wasserlauf durchzogen.
* Ausgewählte Stauden und ausgefallene Gehölze gehen eine harmonische Verbindung ein.
* Kunstobjekte bereichern die Gartenszenerie.

Gang oben: Der Schuppen in der Gärtnerei verschwindet unter einer Tapete von Efeu und einer seltenen, kleinblättrigen Form des Wilden Weins ‘Lowii’ *(Parthenocissus tricuspidata)*.

Oben: Eine Etagere bietet sich als Ausstellungsfläche für Pflanzen an, die in den Vordergrund gerückt werden sollen. Die Präsentation saisonaler Favoriten aus dem Verkauf lässt sich auch auf den Privatgarten übertragen.

Unten: Im Stil eines Landschaftsgartens angelegt, wartet die sanft modellierte Fläche mit einem Kiosk auf. Die luftige Holzkonstruktion wirkt rustikaler als ein Pavillon. Die Neigung des Geländes bot sich für einen in Becken gestauten Wasserlauf an. Das große Wasserbecken nahe der Gärtnerei dient gleichzeitig als Wasserreservoir.

Der Erhaltergarten 149

Oben links: An der panaschierten Form des Ginkgobaums 'Variegata' *(Ginkgo biloba)* kommt das dekorative Blatt auffallend plastisch heraus. Durch die weißen Striche fällt die Kontur des einmalig geformten Nadelgehölzes sofort ins Auge.

Linke Seite oben: Die Erinnerung an romantische Gärten aus Großmutters Zeiten rufen wenige Stauden so anmutig wach wie Akeleien *(Aquilegia)*. Da sie willig versamen und sich untereinander kreuzen, entstehen aus gepflanzten Sorten der Arten *caerulea* und *vulgaris* nicht selten neue Kreationen.

Linke Seite unten links: Die Rosen-Deutzie 'Mont Rose' *(Deutzia x hybrida)* wurde 1925 von Victor Lemoine und Sohn eingeführt. Der reichblühende Strauch von 1,50 Meter bis 2 Meter Höhe und 1 bis 1,5 Meter Breite blüht Ende Mai malvenfarben auf und wird immer heller bis fast weiß.

Oben rechts: Mit dem Überraschungseffekt weißbunten Laubwerks spielt der Feldahorn 'Carnival' *(Acer campestre)* in gleicher Weise. Der mittelhohe Strauch bis kleine Baum ist eine Rarität, die erst seit wenigen Jahren auf dem Markt ist.

Linke Seite unten Mitte: Aus der 1903 aus Westchina eingeführten flammend roten Wildrose *(Rosa moyesii)* entstand 1945 im berühmten englischen Wisley Garden die bis 3 Meter hohe, starkwüchsige Sorte 'Geranium'. Im Herbst trägt sie flaschenförmige Hagebutten.

Linke Seite unten rechts: Eine noch seltene Kostbarkeit ist das Vielblütige Doppelschild *(Dipelta floribunda)*. Die Blüte des bis 4 Meter hohen und 3 Meter breiten Strauchs erscheint im späten Frühjahr. Monique Chevry hat sie in erster Linie mit Blick auf ihre dekorativ abrollende Rinde für einen besonderen Winteraspekt gepflanzt.

»Wenn ich ein schönes Kleid sehe, kann ich widerstehen, bei einer schönen Pflanze nie.«

MONIQUE CHEVRY IM GESPRÄCH

Ihre Gartengestaltung hat einen starken regionalen Bezug. Sie bevorzugen Pflanzen, die mit der Geschichte der Region verwurzelt sind. Welche Überzeugung steckt dahinter?
Es gibt genügend Arten und Sorten in unserer Region, um einen schönen Garten anzulegen, ohne dass ich exotische Pflanzen importieren oder die Pflanzen von weit weg beziehen muss.

Kann ich Ihre Pflanzen aus Lothringen in Gärten ganz anderer Regionen oder Länder pflanzen?
Ja, warum nicht, wenn ihnen das Klima und der Boden zusagen. Solche Pflanzen im eigenen Garten zu sehen, erlaubt uns, in eine andere Welt zu wandern, geistig auf Reisen zu gehen, sich durch die Pflanzen an den Ort zurückzuerinnern, wo sie herstammen oder an die Gartenfreunde zu denken, von denen ich die Pflanze bekommen habe.

Dann ist das wie mit den »Pflanzen aus Großmutters Garten«, die Sie so gern verwenden?
Für viele Gärtnerinnen und Gärtner rufen sie die Erinnerung an die Gärten ihrer Kindheit wach und wecken ihren Sinn für die Natur. All die Jahrzehnte, teils Jahrhunderte haben sie überlebt. Es ist interessant, Pflanzen zu erhalten, die sich bewährt haben.

Lassen sich historische Stauden in jedem Garten, unabhängig vom Stil, einbauen?
Ja. Das ist wie in der Mode. Es gibt Klassiker, die nie aus der Mode kommen. Ich finde, Tränendes Herz, Nelken oder Schleierkraut veralten nie und werden immer ihren Platz finden. 1908 beschrieb der Gartenbauer Francois Gerbeaux aus Nancy seine Züchtung des kriechenden Schleierkrauts 'Monstrosa' (*Gypsophila repens*) als »unzählige, reich verzweigte Blütenstände, die von kleinen weißen Blütchen garniert sind und sich den ganzen Sommer hindurch öffnen«. 100 Jahre später hat diese Pflanze nichts an Faszination verloren. Im Gegenteil, sie ist die perfekte Begleiterin für aufregend neue Pflanzenbilder, wenn ich sie mit Katzenminze 'Dropmore' (*Nepeta racemosa*) kombiniere.

Wie setze ich historische Stauden am besten in Szene?
Am besten passen sie sicherlich in Gärten, die wir hier in Frankreich als *jardin de curé*, den klassischen Pfarrgarten bezeichnen, was dem deutschen Bauerngarten entspricht. Sie kommen aber genauso gut in einer Staudenpflanzung oder einem Beet mit Rosen und Sträuchern zur Geltung und enttäuschen nie. Sie passen sogar zu Ziergräsern und trendigen Purpurglöckchen.

Sie haben viele Lemoine-Züchtungen wiederentdeckt. Wenn Sie drei empfehlen sollten, welche wären es und warum?
Ich würde Phlox 'Le Mahdi' von 1896 wählen, wegen seiner überraschenden Farbe in einem dunklen Violett, das im Garten immer interessant wirkt und gesucht ist. Unübertroffen in ihrer Robustheit ist Fingerkraut 'Vésuve' (*Potentilla*-Hybride), das Victor Lemoine 1867 herausbrachte. Die halb gefüllten Blütenkronen in einem einmalig flammenden Rot mit gelbem Rand blühen überreich von Juni bis August. Die dritte Lemoine-Züchtung meiner Wahl ist Clematis 'Étoile Rose' (*Clematis texensis*) – eine alte Dame mit vielen kleinen, rosafarbenen Blüten, die seit 1903 zu Recht hofiert wird. Bis heute gibt es nichts Vergleichbares an Eleganz.

Welches sind Ihre Favoriten bei den neueren Stauden?
Ich mag die staudige Clematis 'Cassandra' (*Clematis heracleifolia*) sehr gern. Die duftende Sorte ist noch wenig bekannt. Ihre aufrechten, blauen Blüten in Büscheln erscheinen von August bis September. Das ist eine echte Überraschung zu der Zeit.
Wegen ihrer langen Blütezeit über den ganzen Sommer in einem sanften Hellgelb wäre Mädchenauge 'Full Moon' meine erste Wahl. Unter den Gräsern gefällt mir Federborstengras 'Tall Tails' (*Pennisetum orientale*), das mit etwas Glück bei uns in Lothringen winterhart ist, besonders gut. Es verträgt volle Sonne und muss nie gegossen werden. Die weißen Blütenwedel, die auch als Samenstand ein flauschiger Panache, also Federbusch bleiben, sind äußerst wertvoll für die Gestaltung.

Großblütiger Pfeifenstrauch 'Lemoinei' *(Philadelphus inodorus var. grandiflorus)* ist zu Ehren des berühmten französischen Züchters Victor Lemoine benannt.

Der Erhaltergarten 153

Register der abgebildeten Pflanzen

A

Ahorn, Feld- 'Carnival'
  (*Acer campestre*) 142–143, 151
– Japanischer 'Aconitifolium'
  (*Acer palmatum*) 85
Akelei *(Aquilegia)* 150
Anemone 10–11
Apfelbaum 16
Aralie 76–77
Aster 10–11
– Herbst- 'Lady in Black' *(Aster lateriflorus)* 95

B

Bergenie 'Eric Smith' 16
Beifuß 'Powis Castle' *(Artemisia arborescens)* 97
Birke 48
– Himalaya- 'Doorenbos' *(Betula utilis)* 26
– Sand- *(Betula pendula)* 38
Bronzefenchel 'Rubrum' *(Foeniculum vulgare)* 37
Buchs 142–143

C

Chinaschilf 'Adagio' *(Miscanthus sinensis)* 84
Clematis 'Étoile Violette' 137

D

Dahlie 122
– 'Bishop of Llandaff' 19
Deutzie, Rosen- 'Mont Rose' *(Deutzia × hybrida)* 150
Doppelschild, Vielblütiges *(Dipelta floribunda)* 150
Dost 'Rosenkuppel' *(Origanum laevigatum-*Hybride) 102–103
Duftnessel 'Blue Fortune' *(Agastache foeniculum)* 95
– 'Weiße Kerze' *(Agastache urticifolia)* 97

E

Efeu 26, 148
Ehrenpreis *(Veronica longifolia)* 97
– 'Fascination' 110, 111
Eibe 73, 82

F

Fackellilie 'The Rocket' *(Kniphofia-*Hybride) 97
Färberkamille 'Sauce Hollandaise' *(Anthemis tinctoria)* 135
Farn 120, 134
Federborstengras 'Tall Tails'
  (Pennisetum orientale) 48
Federgras, Riesen- *(Stipa gigantea)* 10–11
Fetthenne 'Herbstfreude' 61
– 'Karfunkelstein' *(Sedum-*Hybride) 102–103

Fingerhut 48, 122
Flammenblume 'Uspech' *(Phlox paniculata)* 108
Flockenblume, Berg- *(Centaurea montana)* 38
Frauenmantel *(Alchemilla mollis)*
  61, 72, 75, 136
Fuchsie 17
Funkie 120, 122, 134
– 'June' *(Hosta-*Hybride) 65

G

Ginkgo 'Variegata' *(Ginkgo biloba)* 151
Glyzinie 16
Glockenblume 'Loddon Anne' *(Campanula lactiflora)* 94
Goldbandgras, Japan- 'Aureola' *(Hakonechloa macra)* 99
Goldhopfen 'Aureum' *(Humulus lupulus)* 27
Grünkohl 'Red Bor' 122

H

Hainbuche 61
Hartriegel, Blüten- 'Satomi' *(Cornus kousa)* 60, 65
Haselwurz *(Asarum europaeum)* 120
Hasenglöckchen 'Alba' *(Hyacinthoides non-scripta)* 120
Hortensie, Schneeball- 'Annabelle' *(Hydrangea arborescens)* 94, 134
– Eichenblättrige *(Hydrangea quercifolia)* 125
– Teller- 'Libelle' *(Hydrangea macrophylla)* 87

I

Indianernessel 'Scorpion' *(Monarda fistulosa)* 110, 111
Iris, Bart- 'Country Town Red' 41
– 'Dusky Challenger' 37, 41

K

Kaiserkrone, Persische 'Ivory Bell' *(Fritillaria persica)* 114–115
Kamille, Römische 'Treneague' *(Chamaemelum nobile)* 48
Kapuzinerkresse 16
Kastanie *(Aesculus hippocastanum)* 60
Katzenminze *(Nepeta × faassenii)* 75
– 'Bramdean' *(Nepeta-*Hybride) 135, 136
Kaukasusvergissmeinnicht 'Hadspen Cream'
  (Brunnera macrophylla) 26
– 'Mr. Morse' 121
Kirsche, Mahagoni- *(Prunus serrula)* 36
Klee, Blassgelber *(Trifolium ochroleucum)* 135
Kletterrose 'Coral Dawn' 137
– 'Ghislaine de Féligonde' 72
– 'Pink Perpétue' 136
– 'Super Dorothy' 72
Knöterich *(Polygonum amplexicaule)* 10–11
– 'Firetail' 94

Königskerze 'Cherry Helen' 41
Kugeldistel 'Veitch's Blue' *(Echinops ritro)* 108
Kugelplatane 63

L
Lavendel 61
Löwenmäulchen 'Rocket Orchid' *(Antirrhinum majus F1)* 97
Lupine 108

M
Mangold 122
Margerite 120
Mathiasella bupleuroides 38
Milchlattich, Alpen- *(Cicerbita alpina)* 128–129

N
Nachtkerze 'Siskiyou' *(Oenothera speciosa)* 94
Narzisse, Triandrus- 'Thalia' 114–115
Nelkenwurz 'Princess Juliana' *(Geum-*Hybride) 38

O
Ölweide 76–77
Oregano, Gold- 'Aureum' *(Origanum vulgare)* 27

P
Pfeifenstrauch 'Lemoinei' *(Philadelphus inodorus* var. *grandiflorus)* 153
Prachtscharte *(Liatris spicata)* 102–103, 113
Prachtspiere 61, 134
– 'Superba' *(Astilbe chinensis* var. *taquetii)* 128–129
Purpurglöckchen 82
– 'Frosted Violet' *(Heuchera-*Hybride) 85
Purpursonnenhut *(Echinacea pallida)* 108

R
Rambler-Rose 'Paul's Himalayan Musk' 123
Reitgras 'Karl Foerster' *(Calamagrostis* x *acutiflora)* 109
Rittersporn 'Piccolo' *(Delphinium-*Belladonna-Hybride) 139
Rose 'Geranium' *(Rosa moyesii)* 150
– 'Hot Chocolate' 37
– 'Leonardo da Vinci' 139
Rosmarin *(Rosmarinus officinalis)* 51

S
Salbei 'Caradonna' *(Salvia nemorosa)* 36, 65, 135
– 'Markus' 61, 72
– 'Ostfriesland' 75
– 'Purpurascens' *(Salvia officinalis)* 48. 51
Schafgarbe 'Coronation Gold' *(Achillea-*Filipendulina-Hybride) 108

– 'Terracotta' *(Achillea-*Hybride) 97
Schnittlauch *(Allium schoenoprasum)* 26
Schönaster 'Madiva' *(Kalimeris incisa)* 94
Sommerjasmin *(Philadelphus coronarius)* 72
Sonnenauge 'Asahi' *(Heliopsis helianthoides* var. *scabra)* 102–103, 113
Sonnenblume 'Vanilla Ice' *(Helianthus debilis)* 97
Sonnenbraut 'Waltraud' *(Helenium-*Hybride) 110, 111
Sonnenhut 'Cappuccino' *(Rudbeckia hirta)* 97
– Gelber *(Rudbeckia paradoxa)* 108
Spornblume 'Coccineus' *(Centranthus ruber)* 75
Sterndolde 48
Storchschnabel 'Lily Lovell' *(Geranium phaeum)* 36
– 'Rozanne' *(Geranium-*Hybride) 51
Strahlenanemone 'White Splendour' 120
Strandflieder *(Limonium latifolium)* 102–103
Strauchrose 'Mozart' 61
– 'Münsterland' 72

T
Tagetes 122
Taubnessel 'Pink Pewter' *(Lamium maculatum)* 26
Thymian 61
– Feld- *(Thymus serphyllum)* 48, 51
Tomate 16
Tränendes Herz 'Alba' *(Dicentra spectabilis)* 125
Traubenhyazinthe 'Album' *(Muscari botryoides)* 121
Tulpe 27, 122
– Lilienblütige 'White Triumphator' 114–115, 125
– Papagei- 'Super Parrot' 114–115
– Viridiflora- 'Spring Green' 114–115, 125

V
Verbene, Steife *(Verbena rigida)* 51

W
Wasserdost 'Chocolate' *(Eupatorium rugosum)* 97
Wiesenkerbel 'Ravenswing' *(Anthriscus sylvestris)* 36, 37
Wilder Wein 'Lowii' *(Parthenocissus tricuspidata)* 148

Z
Zierlauch 29
– Sternkugellauch *(Allium christophii)* 97
– 'Globemaster' *(Allium-*Hybride) 97
– 'Purple Sensation' *(Allium aflatunense)* 95
Ziest 'Hummelo' *(Stachys monnieri)* 94, 99
Zinnie 'Profusion Fire' *(Zinnia angustifolia)* 97

Adressen

Rosemary Alexander

Sandhill Farm House Garden
Rogate, Petersfield
Hampshire GU31 5 HU
Großbritannien
Tel. +44 (0)1730 818373
rosemary@englishgardeningschool.co.uk
www.rosemaryalexander.co.uk

Dina Deferme

Beuzestraat 64
Stokrooie (Hasselt) 3511
Belgien
Tel. +32 (0)11 25 6458
info@deferme.be
www.deferme.be

Wendy von Buren

VB Garden Design
106 Lauriston Road
Victoria Park Village
London E9 7HA
Großbritannien
Tel +44 (0)208 510 9829
Mobile +44 (0)777 155 1988
vbgardendesign@yahoo.co.uk
www.vbgardendesign.co.uk

Pia Konrad

Gärten gestalten!
Harbernusstraße 6
41472 Neuss-Helpenstein
Tel. 02182 / 5783780
info@gaertengestalten-piakonrad.de
www.gaertengestalten-piakonrad.de

Monique Chevry

Le Jardin d'Adoué
8 Chemin du Rupt d'Adoué
54690 Lay Saint Christophe
Frankreich
Tel. +33 (0)3 83 22 68 12
monique.chevry@wanadoo.fr
www.jardin-adoue.com

Claire Moreno

Claire Moreno Garden Design
18 Churchfields
West Malling
Kent ME19 6RJ
Großbritannien
Tel. +44 (0)7793743111
Mail: info@clairemoreno.co.uk
www.clairemoreno.co.uk

Christine Orel

Orel + Heidrich
Landschaftsarchitekten
Hauptstraße 30
91074 Herzogenaurach
Tel. 09132-750 4827
info@orel-plus-heidrich.de
www.orel-plus-heidreich.de

Christine Schaller

Zinsser KG
Christine und Stefan Schaller
Ebstorfer Straße 27
29525 Uelzen
Tel. 0581-2267
info@zinsser-garten.de
www.zinsser-garten.de

Lianne Pot

Lianne's Siergrassen
Jan Gosseswijk 31
9367 TE De Wilp
Niederlande
Tel. +31 (0)594 644263
info@siergras.nl
www.siergras.nl

Bärbel Stender

Ambiente Gartengestaltung
Hittorfstraße 55
48149 Münster
Tel. 0251-4882350
kontakt@ambiente-garten.de
www.ambiente-garten.de

Hellen Riches

Helen Riches Garden Design
90 Debden Road
Saffron Walden
CB11 4AL Essex
Großbritannien
Tel. +44 (0)1799 502155
helen@helenriches.co.uk
www.helenriches.co.uk

Alie Stoffers

De Tuinerie
Vrouwenlaan-voor 12
9615 TB Kolham
Niederlande
Tel. +31 (0)598 397 009
info@de-tuinerie.nl
www.de-tuinerie.nl

Amy Robertson

Amy Robertson Garden Design &
Maintenance
Truleigh Cottage, 5
Henfield Common North, Henfield
West Sussex
BN5 9RL
Großbritannien
Tel +44 (0)7790514325
a.l.robertson@outlook.com
www.amyrobertson.co.uk

Jo Thompson

Jo Thompson Landscape &
Garden Design
Church Street
Ticehurst
East Sussex TN5 7AH
Großbritannien
Tel. +44 (0)1580 201593
jo@jothompson-garden-design.co.uk
www.jothompson-garden-design.co.uk

Viten

Kathrin Hofmeister hat im Staudensichtungsgarten Weihenstephan ihre Gärtnerlehre absolviert und an der Universität Passau das Studium als Diplom-Kulturwirtin abgeschlossen. Die ausgebildete Journalistin schreibt für führende Gartenzeitschriften und hat mehrere Bücher zur Gartengestaltung veröffentlicht. Sie lebt in der QuattroPole-Region Luxemburg, Metz, Saarbrücken, Trier.

Elke Borkowski kennt man als eine der erfolgreichsten Gartenfotografinnen Europas durch ihre einfühlsamen Fotos in Büchern, Kalendern und Zeitschriften. Ihr Blick für den besonderen Moment wurde geschult durch Ausbildungen zur Fotografin und Fotofachlaborantin sowie ein künstlerisch orientiertes Fotodesign-Studium. Aus ihren stimmungsvollen Fotografien spricht eine große Liebe zu Pflanzen und ihre Leidenschaft fürs Gärtnern.
www.elkeborkowski.com

Impressum

Der Verlag weist ausdrücklich darauf hin, dass im Text enthaltene externe Links vom Verlag nur bis zum Zeitpunkt der Buchveröffentlichung eingesehen werden konnten. Auf spätere Veränderungen hat der Verlag keinerlei Einfluss. Eine Haftung des Verlags ist daher ausgeschlossen.

Verlagsgruppe Random House
FSC® N001967

1. Auflage
Copyright © 2017
Deutsche Verlags-Anstalt, München
in der Verlagsgruppe Random House GmbH
Neumarkter Straße 28
81673 München
Grafische Gestaltung und Layout:
Susanne Hermann, DVA
Einbandgestaltung: Sofarobotnik, Augsburg & München
Lithografie: Helio Repro, München
Druck und Bindung: aprinta druck, Wemding
Dieses Buch wurde auf dem FSC®-zertifizierten Papier Profisilk gedruckt.

Printed in Germany
ISBN 978-3-421-04021-3

www.dva.de

Bildnachweis:

Alle Fotos: Elke Borkowski, mit Ausnahme von S. 97 (Christine Orel)
Die Pläne stammen von den jeweiligen Gartendesignerinnen, mit Ausnahme von S. 25 (Tilman Funke, auf Grundlage einer Zeichnung von Helen Riches) und S. 147 (Tilman Funke).